中国社会科学院国情调研特大项目"精准扶贫精准脱贫百村调研"

精准扶贫精准脱贫百村调研丛书

CASE STUDIES OF TARGETED POVERTY REDUCTION AND
ALLEVIATION IN 100 VILLAGES

李培林／主编

精准扶贫精准脱贫
百村调研·灯塔村卷

新时代的"三苦精神"

张瑞娟　任晓娜／著

社会科学文献出版社
SOCIAL SCIENCES ACADEMIC PRESS (CHINA)

中国社会科学院国情调研特大项目
"精准扶贫精准脱贫百村调研"
项目协调办公室

主　任：王子豪

成　员：檀学文　刁鹏飞　闫　珺　田　甜　曲海燕

总　序

　　调查研究是党的优良传统和作风。在党中央领导下，中国社会科学院一贯秉持理论联系实际的学风，并具有开展国情调研的深厚传统。1988 年，中国社会科学院与全国社会科学界一起开展了百县市经济社会调查，并被列为"七五"和"八五"国家哲学社会科学重点课题，出版了《中国国情丛书——百县市经济社会调查》。1998 年，国情调研视野从中观走向微观，由国家社科基金批准百村经济社会调查"九五"重点项目，出版了《中国国情丛书——百村经济社会调查》。2006 年，中国社会科学院全面启动国情调研工作，先后组织实施了 1000 余项国情调研项目，与地方合作设立院级国情调研基地 12 个、所级国情调研基地 59 个。国情调研很好地践行了理论联系实际、实践是检验真理的唯一标准的马克思主义认识论和学风，为发挥中国社会科学院思想库和智囊团作用做出了重要贡献。

　　党的十八大以来，在全面建成小康社会目标指引下，中央提出了到 2020 年实现我国现行标准下农村贫困人口脱贫、贫困县全部"摘帽"、解决区域性整体贫困的脱贫攻坚目标。中国的减贫成就举世瞩目，如此宏大的脱贫目标世所罕见。到2020年实现全面精准脱贫是党的十九大提出的三大攻坚战之一，是重大的社会目标和政治任务，中国的贫困地区在此期间也将发生翻天覆地的变化，而变化的过程注定不会一帆风顺或云淡风轻。记录这个伟大的过程，总结解决这个世界性难题的经验，为完成这个攻坚战献计献策，是社会科学工作者应有的责任担当。

2016年，中国社会科学院根据中央做出的"打赢脱贫攻坚战"战略部署，决定设立"精准扶贫精准脱贫百村调研"国情调研特大项目，集中优势人力、物力，以精准扶贫为主题，集中两年时间，开展贫困村百村调研。"精准扶贫精准脱贫百村调研"是中国社会科学院国情调研重大工程，有统一的样本村选择标准和广泛的地域分布，有明确的调研目标和统一的调研进度安排。调研的104个样本村，西部、中部和东部地区的比例分别为57%、27%和16%，对民族地区、边境地区、片区、深度贫困地区都有专门的考虑，有望对全国贫困村有基本的代表性，对当前中国农村贫困状况和减贫、发展状况有一个横断面式的全景展示。

在以习近平同志为核心的党中央坚强领导下，党的十八大以来的中国特色社会主义实践引导中国进入中国特色社会主义新时代，我国经济社会格局正在发生深刻变化，脱贫攻坚行动顺利推进，每年实现贫困人口脱贫1000多万人，贫困人口从2012年的9899万人减少到2017年的3046万人，在较短时间内实现了贫困村面貌的巨大改观。中国社会科学院组建了一百支调研团队，动员了不少于500名科研人员的调研队伍，付出了不少于3000个工作日，用脚步、笔尖和镜头记录了百余个贫困村在近年来发生的巨大变化。

根据规划，每个贫困村子课题组不仅要为总课题组提供数据，还要撰写和出版村庄调研报告，这就是呈现在读者面前的"精准扶贫精准脱贫百村调研丛书"。为了达到了解国情的基本目的，总课题组拟定了调研提纲和问卷，要求各村调研都要执行基本的"规定动作"和因村而异的"自选动作"，了解和写出每个村的特色，写出脱贫路上的风采以及荆棘！对每部报告我们都组织了专家评审，由作者根据修改意见进行修改，直到达到出版要求。我们希望，这套丛书的出版能为脱贫攻坚大业写下浓重的一笔。

中共十九大的胜利召开，确立习近平新时代中国特色社会主义思想作为各项工作的指导思想，宣告中国特色社会主义进入新时代，中央做出了社会主要矛盾转化的重大判断。从现在起到2020年，既是全面建成小康社会的决胜期，也是迈向第二个百年奋斗目标的历史交会期。在此期间，国家强调坚决打好防范化解重大风险、精准脱贫、污染防治三大攻坚战。2018年春节前夕，习近平总书记到深度贫困的四川凉山地区考察，就打好精准脱贫攻坚战提出八条要求，并通过脱贫攻坚三年行动计划加以推进。与此同时，为应对我国乡村发展不平衡不充分尤其突出的问题，国家适时启动了乡村振兴战略，要求到2020年乡村振兴取得重要进展，做好实施乡村振兴战略与打好精准脱

贫攻坚战的有机衔接。通过调研，我们也发现，很多地方
已经在实际工作中将脱贫攻坚与美丽乡村建设、城乡发展
一体化结合在一起开展。可以预见，贫困地区的脱贫攻坚
将不再只局限于贫困户脱贫，我们有充分的信心从贫困村
发展看到乡村振兴的曙光和未来。

　　是为序！

全国人民代表大会社会建设委员会副主任委员

中国社会科学院副院长、学部委员

2018 年 10 月

前　言

　　2013 年 11 月，习近平总书记在湖南湘西考察时首提"精准扶贫"思想。在过去 4 年多的时间里，全国上下围绕"精准扶贫精准脱贫"开展了一系列工作，这是一场伟大的战役。精准扶贫精准脱贫是我国社会主义事业进入新的发展阶段后，面对扶贫开发工作的现状与难点提出的具有针对性的解决方案；是为确保贫困人口如期脱贫，实现全面建成小康社会和中华民族伟大复兴宏伟目标的关键一步；是为全世界扶贫开发事业，提出"中国方案"、贡献"中国智慧"进行的伟大探索。

　　精准扶贫精准脱贫能够取得成功吗，通过怎样的实践才能取得成功？恐怕不光是在国内，国际上也有许多人对中国这场声势浩大的脱贫攻坚战能否取得最终胜利表示担忧，也有对中国精准扶贫精准脱贫政策的批评。以金融扶贫政策为例，将有限的金融资源分配给贫困户使用符合经济学理论吗？能够取得想要的效果吗？面对这样的质疑，孟加拉国的尤努斯其实已经给出了部分答案：穷人可以获得信贷。但是中国更进一步：相信低收入群体不仅可以而且应该获得信贷资源，也相信通过这样的方式能使一部分人走出贫穷。当然，这需要实践来证明。中国要通过自己的实践，总结自己的经验，并向世界宣告贫穷问题是可以解决的。

中国的贫困状况也是复杂的，截至2013年底，全国有14个集中连片特殊困难地区、592个国家扶贫开发重点县、2900多万户贫困户、8900多万建档立卡贫困人口。面对艰巨复杂的国情，精准扶贫精准脱贫是解决贫困问题的必由之路。新阶段，中国扶贫工作的特色就是全国上下一心打赢精准扶贫精准脱贫攻坚战，它不是表面文章，不是一纸文件。中国的精准扶贫精准脱贫工作的实践、经验与成效就来自中国大地的沟沟坎坎，那里的人民与扶贫干部用自己的亲身实践去落实中央政策、向世界证明中国精准扶贫精准脱贫工作的成效。灯塔村所处的秦巴山片区是中国14个集中连片特困区之一，在过去4年多的时间里，这里正在进行着一场轰轰烈烈的脱贫攻坚战，不少扶贫干部甚至为此付出了生命。但牺牲也是值得的，换来的是人民幸福、百姓安居。4年多的实践，扶贫工作成效甚广、成果渐显，其成果经验和做法有必要进行回顾、总结。

本书是中国社会科学院"精准扶贫精准脱贫百村调研"的成果之一。在国家大力实施精准扶贫、精准脱贫的战略背景下，白河县为全面打赢脱贫攻坚战，全县人民上下一心，艰苦奋战，众志成城，取得了一个又一个卓越的脱贫战绩。本书以陕西省安康市白河县灯塔村为例，阐述了白河县的贫困特征和白河县人民与贫困抗衡的斗争史，详细描述了精准扶贫以来，为打赢脱贫攻坚战，白河县人民所做的努力和取得的成绩。在阐述打赢脱贫攻坚战过程中，选取了灯塔村为案例，详细分析了灯塔村的贫困现状、特征、精准扶贫精准脱贫政策体系和脱贫战绩等。灯塔村只是中国12.8万个贫困村的一个缩影，通过解读灯塔村的发展及其脱贫政策、脱贫效果来总结白河县精准扶贫精准脱贫的主要经验与做法，从中汲取好的经验，发现政策问题，提出未来改进的思考和建议。

本书共分为九个章节。

第一章系统介绍了白河县的历史沿革、行政区划变迁、自然环境、经济发展和人口情况，通过介绍县情将白河县的贫困现状和贫困特征予以一一展现。从白河县脱贫攻坚体制机制建设、战略布局与脱贫成绩可以看出白河县的发展史就是白河人民一直与贫困抗争的历史，也是白河人民"三苦精神"的体现与传承。

第二章详细介绍了所调研的贫困村——灯塔村的历史沿革、农户居住分布情况、农业生产发展和居民收入情况，从灯塔村的生产发展和居民收入可以看出灯塔村贫困的主要原因是自然条件恶劣、农业生产条件先天不足等，进而详细分析了灯塔村脱贫攻坚工作的主要战略布局与体制机制。

第三章详细介绍了灯塔村主要的脱贫方式——易地扶贫搬迁。易地扶贫搬迁的前身是"陕南避灾移民搬迁工程"，易地扶贫搬迁借鉴学习了"陕南避灾移民搬迁工程"的主要做法与成功经验，又依据精准扶贫精准脱贫的主要布局进行了改进与升华。

第四章详细介绍了灯塔村另一个主要的脱贫方式——产业扶贫。白河县和仓上镇出台了资金奖补、贴息贷款、股权收益等产业扶贫政策，灯塔村在实施过程中，逐步发展出三种主要脱贫模式，取得了良好的效果，同时也存在产业发展较为单一、可持续性和精准性较差等方面的问题。

第五章详细介绍了灯塔村脱贫方式之一——教育扶贫。对建档立卡户，白河县和仓上镇出台了针对学前教育、义务教育、高等教育等各种类型的教育扶贫政策，依托产业扶贫培育了"农户＋合作社＋学校"的产销脱贫模式，取得了良好的脱贫效果。同时也存在着经济补贴方式较为单一、对家庭教育和社会教育关注较少、教育可持续性发展较差的问题。

第六章、第七章、第八章和第九章阐述了灯塔村的其他脱贫方式——健康医疗扶贫、就业创业扶贫、金融扶贫以及社保政策兜底扶贫等，从阐述各项政策的实施机制出发，分析了政策实施的主要做法与成效，并提出未来改进的思考。

本书主要采用座谈会、重点访谈、问卷调查、案例访谈、循环访谈、跟踪调查等调查方式。从中共县委、县政府、扶贫局、农林科技局、教育局、卫生局等部门到仓上镇各部门再到灯塔村，从上到下每一个环节做到应访尽访，应谈尽谈。通过对灯塔村支部书记、村主任、第一书记等进行全面访谈，对灯塔村60户农户（其中30户贫困户、30户非贫困户）进行问卷调查和案例访谈，对上下政策的制定、落实和效果进行了检验与跟踪。通过统计分析、案例分析等方法对白河县脱贫攻坚各项政策在灯塔村的实施情况、落实情况和政策效果进行了深入分析与探讨，为未来政策的发展与变迁提出了详细建议。

本书的分工是：第一章、第三章、第四章由中国社会科学院张瑞娟博士撰写；第二章、第五章、第六章由北京农业职业学院任晓娜博士撰写；第七章由任晓娜、张瑞娟撰写；第八章、第九章由中国农业大学硕士生张宗凯、吉林大学本科生周昭炜撰写。本书内容的调研截止日期为2017年12月，故本书反映的情况均是2017年12月之前灯塔村精准扶贫精准脱贫的具体情况，后续的其他工作，本书中未做体现。张瑞娟对全书进行了统稿，限于时间和作者水平，本书还存在不少问题和疏漏，敬请读者批评指正。

目　录

第一章

秦巴集中连片特困县——白河县概况

第一节　白河县的历史沿革 [①]

　　白河县位于陕西省东南部，秦岭以南，大巴山东段，汉江中游，地处东经 109°37′~110°10′，北纬 32°34′~32°55′。东西长 53.5 公里，南北宽 41.5 公里，辖区面积 1453.4 平方公里。北临汉江，隔江与湖北省郧西县相望，东、南部分别与湖北省郧县、竹山县接壤，西部与旬阳县相连。有"秦头楚尾"之称，古云"南走巫夔、

　① 本章县情资料及数据主要来自:《白河县志》、《白河县"十二五"统计资料汇编》、《白河县情 2016》、《白河县区域发展与扶贫攻坚规划》、《政府工作报告》和"三苦精神网"（http://sanku.akxw.cn/）等，作者衷心感谢白河县委、县政府、扶贫办、扶贫开发有限公司等提供的宝贵资料，尤其要感谢周远国主任、陈兴波主任和吴鑫主任在本章撰写过程中提供的大力支持。

北通商洛、东扼均房、关南险奥，白河尤属襟喉"。

白河县在春秋时期称锡穴，秦代设锡县，西魏称丰利县，宋废，明成化十二年（1476）设白河县，以境内白石河得名。《左传》文公十一年（前616）载："楚潘崇复伐麇，至于锡穴。"据此，白河县至少已有2500多年的历史。

1948年4月1日白河县第一次解放，8月中旬，因解放军主力东撤参加襄樊战役，中共白河县工委、民主县政府随之东撤郧西县、郧县，白河县被国民党军队占领。1949年5月25日人民解放军又将白河县收复，1949年10月中华人民共和国成立，白河县隶属陕甘宁边区陕南行政公署安康分区行政督察公署管辖。1950年，隶属陕西省安康分区专员公署管辖，专员公署管辖又称专区，1969年改称安康地区。白河县隶属陕西省安康地区管辖至今。

第二节　白河县的行政区划变迁

1948年4月白河县第一次解放后，中共白河县委、民主县政府，从游击状态转入固定建政时期，将白河与郧县、郧西县老解放区一并划入行政区，当时共划为7个区，仓上划在二区辖。1949年5月白河县第二次解放后，按传统的管辖区域，第六、七两区分别归湖北省郧县、郧西县管辖。白河县境内的地域重新划区，仓上仍属于二区。1951 年，白河县划为 8 区 60 个乡镇及城关两街，仓上划在八区。

1958 年 9 月至 1961 年 8 月，白河县划为 6 个人民公社 31 个管理区，仓上管理区属西营人民公社。1970 年 6 月以后，白河县划为 5 区 1 镇 30 个公社，仓上公社属西营区。

1984 年 3 月，机构改革，将公社改为乡，白河县行政区划为 5 区 1 镇 30 个乡，仓上乡属西营区。1995 年，白河县行政区划为 5 区 1 镇 30 个乡 307 个行政村，仓上乡单立门户，辖区面积 49.26 平方公里。

2016 年底，白河县设有城关、中厂、构扒、卡子、茅坪、宋家、双丰、西营、仓上、冷水、麻虎 11 个镇，设 13 个社区居民委员会，104 个村民委员会，853 个村民小组。仓上镇辖区面积 107.29 平方公里，占白河县面积的 7.38%，共有 10 个村民委员会，96 个村民小组。

第三节　白河县的自然环境

一　地形地貌

白河全县地势南高北低，山脉与河谷相间，"土无三尺厚、地无百亩平"是白河县地形地貌的真实写照（见图

1-1）。汉江从县境北部自西向东横过，县内冷水河与白石河从县境西南向东北大致平行流入汉江。

县内山脉，中部从北向南，依次为天池岭－蒋家梁子－大山庙梁－韩家山；西部从北向南，有土地岭－太平山－五条岭－界岭；南部自西向东，有马食坪－韩家山－圣母山－平顶山－野人山，横亘100余公里；东部从北至南，依次是泡桐树梁－沙沟垴－火烧寺梁－野人山。县境西、南、东三面山脉与中部接连呈向东倾斜的"山"字形。

县城东与郧县交界的下卡子汉江边是全县最低处，海拔仅170米；南部界岭中段的五龙尖海拔1901米，居诸山之冠。按海拔高度、地表形态，全县可分为剥蚀构造中山丘陵区和侵蚀构造低山河谷区。剥蚀构造中山丘陵区在沿"山"字形山脊海拔800米以上的山地范围，剥蚀强烈，多干沟及悬崖绝壁，地表破碎，基岩裸露，岩石表层风化较强（见图1-2），海拔1200米以上的高山，山体比较陡峭，陡坡一遇暴雨或连阴雨常"垮崩峰"，形成泥石流。沿汉江、红石河、白石河、麻虎沟、冷水河两岸海拔800米以下的河谷地带为侵蚀构造低山河谷区，河谷区多"V"形谷，沟梁相间，谷深而狭。坡度在5~10度的漫滩地或冲积扇仅占全县总耕地面积的0.48%；全县除县农场外，没有70亩以上的山间平地或漫滩地。同时，受大山深沟、基岩裸露、岩石风化强烈的影响，白河县内土壤流失严重，粗骨型土壤占土地面积的90%以上，土层厚度小于30厘米的土块占44.72%，"八山一水一分田"是对白河地形地貌的总体概括。

图1-1　白河县地形地貌特征之一：土无三尺厚，地无百亩平

（欧平平拍摄，2013 年 8 月）

图1-2　白河县地形地貌特征之二：剥蚀强烈，地貌破碎，基岩裸露

（欧平平拍摄，2013 年 8 月）

二　气候

　　白河县地处北亚热带向暖温带过渡气候带，属大陆性季风湿润气候区，垂直性气候特征明显。"春温、伏旱、秋阴雨"是白河县的气候特征。"十二五"时期，白河县年平均降水量为 756.4 毫米，年平均气温为 15.7℃，年平均日照时数为 1491.2 小时，年平均无霜期为 265 天。从"十二五"时期白河县气候变化看，2011 年全年降水量最多，达 932.7 毫米；其次是 2014 年，达 863.3 毫米；部分地区出现严重涝灾，其他年份保持在平均降水量左右。白

河县农谚总结降水对农业的影响为："天旱收一半，雨涝不见面。"白河县北面秦岭，南倚巴山，汉江从县境北部东西向横过，故风向受汉江河谷影响，春、夏、秋季多东南风，每年10~12月东南风频率下降，西北风频率增加。夏季大风，常为冰雹、暴雨的前奏。

仲夏时期，正值玉米、红苕生长旺季，常出现"伏旱"。玉米放顶花时因干旱失水造成减产，早红苕因干旱不能生长，晚红苕因干旱不能下地。因此，农谚总结为："有钱难买五月旱，六月连阴吃饱饭。"秋季多连阴雨，使本县部分地区玉米不能成熟，小麦播种困难，不得不冒雨播种。暴雨在5~9月均可能出现，集中出现在夏季，日降水量 ≥ 50毫米的暴雨，最多一年出现4次。由于山高坡陡，植被覆盖率低，一遇暴雨，山洪暴发，泥石流从山上席卷而下，渠堰、稻田填淤，道路冲毁或阻塞。同时，夏季县境内往往出现区域性的大风和冰雹，白河有"雹打一线"的说法，即一沟一梁之隔，彼此受灾不同。冰雹与大风多同时发生，有时阵风达六、七级。冰雹和阵风对农作物、树木、石板房、瓦房等的危害极大（见图1-3）。

图1-3　白河县农作物受大风大雨影响的后果
（欧平平拍摄，2013年8月）

三 水文

　　白河县共有大小河沟765条，其中流域面积在5平方公里以下的有696条，占90.9%。流域面积在5~10平方公里的河沟有27条，占3.5%；10~30平方公里的有23条，占3%；30~50平方公里的有10条，占1.3%；50~100平方公里的有5条，100平方公里以上的有4条（不含汉江）。白河县内地貌起伏强烈，地表破碎，河沟下切力强，一般河谷狭窄，河沟比降大，流量随降水而变化。水量丰枯悬殊，水能理论蕴藏量大，实际利用困难。

　　白河县绝大部分基岩裸露，风化强烈，裂隙发育，古老地层上部的第三系覆盖较薄，地下的孔隙水储量贫乏。县内河流的水源受降水因素的控制十分明显，雨季（5~10月）河流水量丰沛，秋末至春末沟河水量甚少，大暴雨时，雨水马上转为地表径流，顷刻间沟河汹涌澎湃，夹泥带石，直泻下游。特大暴雨时，下游沿岸的堤坝、堰渠、田地、稼禾常被摧毁，只有极少量的地表水渗入地下。天旱枯水时，河沟涓涓细流深入卵石沙滩，抑或断流，人畜饮水尚且困难，更不用说灌溉、养殖、发电和做动力能源。

　　县内水库、水塘很少，主要原因：一是没有足够的地下水源做补充，仅靠天然水积蓄太少；二是岩石裂隙发育，多透水层，库塘能积不能蓄，加上渠道渗水，一到天旱，使用库塘灌溉的坡地即无水可灌。县内水井，除县城、中厂、茅坪、西营、冷水各有一处河滩水井外，其余水井全部是天然泉水或沁水井。白河境内自古至今都是因泉成井，没有打井寻水的条件。

四 自然灾害

基于白河县特殊的地理位置、地形地貌、气候变化、水文条件等，白河县为自然灾害多发地带，自古至今旱灾、暴雨、洪水、滑坡、冰雹、风灾、虫灾、地震、泥石流等频繁发生，给白河县人民带来严重困扰，阻碍经济发展，影响人民生活。

1. 暴雨、洪水、泥石流或滑坡等

白河县暴雨在5~9月均可能出现，集中出现在夏季，一遇暴雨，山洪暴发，泥石流从山上席卷而下，渠堰、稻田填淤，道路冲毁或阻塞、房屋倒塌、人员伤亡。新中国成立前，《白河县志》有史料记载的暴雨、洪水或泥石流共有46次，依据灾害强度分别造成了瘟疫横行、庄稼尽毁、房屋倒塌、人员伤亡等。如民国元年（1912），大雨40日，汉江洪水，船行屋脊，水洄红石河口；民国2年（1913），南区过风楼暴雨山洪，滑坡死伤60余人。新中国成立后，有史料记载的遭遇暴雨、洪水或泥石流的年份共14年，有的年份多月多次发生自然灾害，造成的经济损失、人员伤亡更加严重。如1975年8月7~9日，顺水、卡子、茅坪、西营一带遭遇了百年不遇的特大暴雨，据亲身经历者回忆，"人在室外感觉憋气、雨打身痛"，"顷刻山洪席卷而来，人畜、房屋、家具眨眼失踪"等；全

县冲毁水田 5000 多亩，坡地 48000 多亩，房屋 4900 多间，所有沿河边道路、公路尽毁，死亡 171 人，伤 79 人，冲走耕牛 60 余头，猪 410 余头，羊 290 多只，严重受灾 10 个公社 110 个大队，11447 户 61481 人，占总农户的 35%。

基于恶劣的自然条件和生存环境，每到暴雨季节，白河县人民一直遭受不同程度的洪水、泥石流、滑坡等危险境况，即使在预警系统、应急预案等防险方案逐渐完善的条件下，大自然也是无情而残酷的。2011 年，安康市遭遇 1983 年之后最严重的一次特大洪灾，包含白河县在内的 10 个区县全面受灾，直接经济损失达 8.8 亿元以上。2017 年 9 月 23~27 日，白河县再次出现连阴雨天气，多地发生泥石流、山体滑坡等灾害。此次灾害共造成全县 1975 人受灾，房屋倒塌 30 间，严重损坏房屋 11 间，一般损坏房屋 264 间，路桥损坏 61 处，滑坡 79 处。灾情发生后，白河县迅速启动防汛救灾应急预案，及时转移人员，此次灾害事故无人员伤亡（见图 1-4）。

2. 旱灾

新中国成立前，《白河县志》有史料记载的旱灾共 33 次，依据灾害强度分别出现了县民乞食、外出逃荒、河水断流、浮肿干瘦、人员非正常死亡等情况；如民国 28 年、29 年（1939、1940）两年天旱，人食蕨根、榆树皮、观音土、稻糠等。新中国成立后，有史料记载的旱灾共 7 次，如 1959 年 6 月 20 日以后，连续 88 天基本未雨，全县成灾面积 26 万多亩，农村人口月均口粮 6.5 公斤，浮肿干瘦

图1-4　2017年9月白河县泥石流、山体滑坡等灾害发生实景

（白河县仓上镇提供，2017年9月）

病人 10603 人，出现大量非正常死亡。1994 年 7 月 10 日至 9 月，全县降雨量仅 27 毫米，平均气温较历年同期高 3℃以上，山溪断流，水井干涸，16 乡 178 村严重干旱，77.4% 的秋粮面积成灾，3.97 万人、6.8 万头牲畜饮水困难。1995 年春夏，严重干旱，全县 29.82 万亩秋季作物中的 27 万亩受旱，重灾 16 万多亩，绝收 7.4 万亩，2.8 万户饮水困难。

3. 风灾

新中国成立前，《白河县志》有史料记载的风灾仅有 1 次，影响是大风折树。新中国成立后，有史料记载的风灾共 8 次，20 世纪 80 年代末至 20 世纪 90 年代连续遭遇多次风灾。如 1993 年 8 月 23 日 23 时至 24 日 4 时，白河县 19 个乡遭受长达三个半小时暴风及一个半小时暴雨的袭击，受灾面积达 52695 亩，损坏倒塌房屋 513 户 834 间，28 人受伤，1 人死亡，151 个村 788 个组 14237 户 46372 人受灾。同月 5 日下午 4 时至 26 日下午 6 时 50 分，纸坊、仓上等 11 个乡部分地区受到狂风暴雨与冰雹袭击，暴雨后形成山洪，造成 76 间房屋倒塌，12 头大牲畜死亡，3 人丧生，103 个村 705 个组 17405 户受到不同程度的损失，涉灾人员达 79600 余人。次年 7 月 11 日晚 22 时至 12 日 1 时 35 分，顺风、中厂、茅坪等 12 个乡的部分地区遭受强暴风雨袭击，风力 7~8 级，降雨量 138 毫米，农田受灾 49460 亩，105 个村 676 个组 15696 户 69845 人受灾（其中重灾 4389 户 18876 人，258 人无处栖身）。

4. 冰雹、大雪

新中国成立前，《白河县志》有史料记载的冰雹有 8 次，造成了庄稼尽毁、打落桐子、花栗树枝折等影响。新中国成立后，发生过 10 次左右冰雹天气，造成房屋损坏、倒塌、庄稼损毁等影响。近年来冰雹天气比较少见。

《白河县志》有史料记载的大雪次数不多，自有史料记载以来总共出现过 8 次，造成稻秧冻死、豆麦歉收或颗粒无收、树木竹子压折等影响。近年来，大雪天气也比较少见。

第四节　白河县的经济发展与人口情况

一　白河县的经济发展

　　白河县位于陕西省东南部，大巴山东段，隶属秦巴集中连片特困区，是国家级扶贫开发重点县。全县21万余人中有近10万人居住在洪涝地质灾害高发区或生态环境脆弱的中高山区。"十年九灾、因灾致贫"是长期困扰白河人民安全与经济发展的最大难题。改革开放40年来，在国家、省市政府等领导下，历届中共县委、县政府带领全县人民全力奋战，持续向贫困宣战，可以说白河的发展史就是持续与贫困落后抗争的斗争史。经历了20世纪80年代的救济式扶贫、20世纪90年代的八七扶贫攻坚和近十年的开发式扶贫等阶段，白河县扶贫开发已由解决温饱问题、巩固温饱成果进入加快脱贫致富、全面建成小康社会的历史新阶段。

　　"十二五"期间，白河县经济总量稳步攀升，人均生产总值稳步提高，全面建成小康社会进程加快，累计实现生产总值200亿元，是"十一五"期间的2.8倍，年均增长14%，高于全国7.8%的平均水平。2015年全县生产总值达52.7亿元，是2010年的2.6倍。2016年白河县生产总值达59.54亿元，比上年增长11.4%，高于陕西省7.6%和全国6.7%的增长水平（见表1-1）。其中，第一产业增加值 7.59 亿元，增长 3.9%；第二产业增加值 35.96 亿元，增长 14.6%；第三产业增加值 15.99 亿元，增长 8.2%。2016 年，白河县人均生产总值为 36117 元，实施脱贫攻坚工程以来，白河县经济迅速增长，增长速度明显高于陕西省和全国；但从绝对数看，比全省和全国人均国内生产总值分别低 28.33% 和 33.09%（见表 1-1）。

表 1-1　2016 年白河县生产总值及比较

地区	生产总值（亿元）	人均生产总值（元）	生产总值比上年增长（%）
全国	744127	53980	6.7
陕西省	19165	50395	7.6
安康市	851.85	32109	11.3
白河县	59.54	36117	11.4

资源来源：《白河县情 2016》，http://www.baihe.gov.cn/Index.html。

"十二五"以来，白河县以转变县域发展方式为主线着力构建新型工业、现代农业、新型服务业相互支撑、互动融合的产业体系，三产结构由"十一五"末的 25：37：38调整为 2016 年的 12.7：60.4：26.9。非公经济快速发展，占比超过 55%，为经济发展注入活力。从三产发展结构看，"十二五"以来，白河县工业得到迅速发展，农业和服务业发展速度相对较慢。党的十九大报告明确提出：实施乡村振兴战略，坚持农业农村优先发展等，加快推进农业农村现代化。从白河县"十二五"以来的三产发展结构看，白河县在脱贫攻坚决胜阶段，已经具备了工业反哺农业、城市支持农村的发展条件，同时白河县农业农村也具有很大的发展空间。应当继续发挥白河县自然环境、生态保护、人文地理等优势，加快城乡融合发展，推进农业农村现代化建设，以实现脱贫攻坚和全面建成小康社会的伟大胜利。

二 白河县的人口情况

白河县辖区总面积1453.4平方公里，辖区东西最大距离53.5公里，南北最大距离41.5公里。2016年末，户籍总人口21.4万，乡村人口18.5万，乡村人口占86.45%，比2015年增加12.11%。2016年，全县常住人口16.5万，乡村常住人口9.9万，乡村外流人口占乡村户籍人口的46.49%，可见白河县乡村人口大量外出。白河县城镇化率为40%，低于全国57.35%的水平，也低于陕西省55.34%和安康市45.59%的水平，可见白河县城镇化水平和人均生产总值水平均偏低，拖了整体发展的后腿。

2016年，白河县居民人均可支配收入14099元，比上年增长9.1%，比全国平均水平低40.81%，比陕西省平均水平低25.30%，比安康市平均水平低7.4%；白河县农村居民人均可支配收入8417元，比上年增长8.4%，比全国平均水平低31.92%，比陕西省平均水平低10.42%，比安康市平均水平低2.01%（见表1-2）。可见，白河县居民人均可支配收入和农村居民人均可支配收入水平均较低。白河县城镇居民和农村居民人均可支配收入比值为3.03，高于全国平均水平（2.72）11.40%，与陕西省3.03的水平和安康市 3.02 的水平差不多，可见白河县城乡居民收入差距较大；但多年来，白河县城乡收入差距一直在缩小，2010 年为 3.4，2015 年为 3.27。白河县农村居民收入上涨幅度较大是城乡居民收入差距不断缩小的根本原因。

表1-2　2016 年白河县居民人均可支配收入及比较

单位：元

地区	全体居民	城镇居民	农村居民
全国	23821	33616	12363
陕西省	18874	28440	9396
安康市	15226	25962	8590
白河县	14099	25485	8417

资源来源：《白河县情 2016》，http://www.baihe.gov.cn/Index.html。

第五节　白河县的贫困情况及特征

白河县辖城关镇、中厂镇、构扒镇、卡子镇、茅坪镇、宋家镇、西营镇、仓上镇、冷水镇、双丰镇、麻虎镇 11 个镇，设 13 个社区居民委员会，104 个村民委员会，853 个村民小组。白河县自然条件恶劣，土壤贫瘠、水文条件差、气候多变，隶属秦巴集中连片特困区，是国家级扶贫开发重点县。"大、散、深、杂、弱"五个字基本可以概括白河县的贫困现状及特征。"大"指的是贫困人口绝对数和相对数较大。"散"指的是贫困人口居住分散，覆盖面积广。"深"指的是部分贫困人口贫困程度深。"杂"指的是贫困人口致贫原因复杂多样。"弱"指的是贫困人口脱贫能力、地方财政、扶贫资金均不足。

一 白河县致贫的主要原因

一是自然条件恶劣。白河县境内山大沟深、石多土薄，自然条件恶劣，暴雨、洪水、泥石流等灾害多发。全县 60% 的居民居住在海拔 800 米以上的地方，海拔高度 800 米以上的地区占全县总面积的 70% 以上。基于地形特征，家庭户与家庭户之间、村民小组与村民小组之间居住分散，同村居民的居住地最远相距数公里，如灯塔村最远的两家居民之间相距 10 公里以上。农民耕地零星分散，细碎化程度极高，且土壤贫瘠，缺乏有机质。白河县不具备打井寻水的条件，基本都是靠天吃饭。且岩石裂隙发育，多透水层，库塘能积不能蓄，加上渠道渗水，一旦雨少或天旱，许多地区无水可灌。由此，农业生产受到严重制约，粮食和其他经济作物产量低。如 2011 年白河县粮食作物亩均产量为 189 公斤，比全国粮食作物亩均产量低 155.4 公斤；2015 年白河县粮食作物亩均产量为 207 公斤，比全国粮食作物亩均产量低 158.5 公斤。

二是基础设施薄弱。白河县大部分贫困人口居住在高山险坡、峡谷边远地区，水、电、路、网等基础设施滞后，交通和信息不畅给农民带来了出行困难、信息闭塞、发展落后等不利影响。虽然随着经济发展和脱贫攻坚工作的大力推进，白河县已经在基础设施方面取得一定成绩，但与发达地区仍存在一定差距。如2015年，不含白河县城，白河县有公共交通的镇仅有2个，通有线电视的村仅有28个，仍有12个村不通宽带等。

三是贫困人口自身能力差。基于白河县自然条件恶劣、基础设施薄弱、教育医疗资源短缺等现状，贫困人口普遍教育水平偏低、综合素质差、年龄偏大、思想保守落后，难以接受新思想、新事物和新科技，这成为脱贫攻坚和现代农业发展的瓶颈。同时，在经济全球化背景下，这种劳动力素质低、思想守旧、不能恰当运用现代科技发展成果的地区，不能融入竞争的市场环境中，更加剧了地区的贫困程度。

四是干部素质参差不齐。新中国成立以来，白河县涌现出了一批又一批勤劳善良、不畏艰辛、有远谋近略的领导干部和先进劳模，他们为白河县的发展起到了先锋模范和带头人作用。但白河县特殊的地理环境、基础设施和经济条件等决定了仍有部分干部综合素质较低，思想固化守旧。在竞争的市场环境中，这部分干部不能充分理解"政府与市场"的关系，不能发挥市场的决定性作用，给脱贫攻坚工作带来障碍。

五是县域经济缺乏内生增长动力。贫瘠的土壤、恶劣的气候、严峻的地形条件，使得第一产业发展受到严重阻碍。基础设施、公共服务、地方财政等方面的薄弱，造成第二产业发展动力严重不足，人力、财力、物力、技术的匮乏严重影响了工业后续项目的开发与建设。第一、第二产业的不景气，带来当地消费能力不足，严重影响第三产业发展，导致当地的生产性服务业、消费性服务业均很不发达。

六是资源开发与环境保护之间的矛盾突出。白河县是南水北调中线工程水源涵养区之一，为保"一江清水送北京"，白河县按规定执行严格的环境保护制度，更加注重生态建设和水源保护，将具有区位优势的污染企业全部关停，优势资源开发与生态环境保护之间的矛盾突出。

二 白河县的贫困特征

一是贫困人口居住分散，覆盖面积广。全县 18.5 万农村人口分散居住在 11 个镇 113 个行政村 1453.4 平方公里贫瘠的山地上，74 个贫困村的大部分贫困人口居住在高山险坡、峡谷边远地区，村与村之间相差数百里，同村户与户之间最远相差数十里地。如仓上镇灯塔村共 12 个居民居住点，下辖自然村有霍家坡、黄家哑、蔡家庄、检塔、中院坪、白坡、娘娘庙、拐子沟、王家庄、井坪、椅子坪和井坪学校；总户数为 514 户，总人口为 1816 人。

二是部分贫困人口贫困程度深。从贫困属性看，截至 2017 年 11 月底，全县建档立卡贫困户中一般贫困户 9141 户，占比 54.16%；低保户 3077 户，占比 18.23%；五保户 4659 户，占比 27.61%。74 个贫困村中有深度贫困村 26 个，26 个深度贫困村中有贫困户 5239 户 15971 人，贫困发生率最高的村为 53.88%，最低的为 30.29%。

三是贫困人口致贫原因复杂多样。从致贫原因看，白河县致贫原因复杂多样，因病致贫 1657 户，因残致贫 2411 户，因灾致贫 155 户，三项合计占贫困户总数的 25.03%；缺乏劳动力致贫 1873 户，占贫困户总数的 11.1%；交通条件落后致贫 3187 户，占 18.88%；其他因素致贫 44.99%，包含因学、缺资金、自身发展动力不足等。

四是贫困人口脱贫能力、地方财政、扶贫资金均不足。白河县贫困人口普遍教育水平偏低、综合素质差、年龄偏大、思想保守落后、劳动能力不足，也难以接受新思想、新事物和新科技，脱贫能力明显不足。2016 年白河县财政总收入 2.59 亿元，地方财政收入 1.16 亿元；2017 年白河县全年纳入整合扶贫项目资金 1.51 亿，力求应整尽整。即使各项资金整合扶贫，白河县扶贫资金仍存在很大缺口，如贫困村人居环境改善需 2 亿元资金。白河县成立扶贫开发投资有限公司，力争通过贷款、融资等多元渠道弥补扶贫资金缺口。

第六节　白河县脱贫攻坚体制机制与战略布局

一　白河县脱贫攻坚体制机制建设

2015 年 11 月 27~28 日，中共中央扶贫开发工作会议顺利召开，习近平总书记强调，立下愚公移山志，咬定目标、苦干实干，坚决打赢脱贫攻坚战，确保到2020年所有贫困地区和贫困人口一道迈入全面小康社会。2015年11月29日，中共中央国务院发布《打赢脱贫攻坚战的决定》，自此脱贫攻坚战的冲锋号在全国吹响，全国各地狠抓落实，制订工作方案，调整工作机制，制订路线表、打赢脱贫攻坚战作战图等。

在中共白河县委、县政府领导下，全县11个镇、74个贫困村均成立了脱贫攻坚专职机构，配备了5~9名脱贫攻坚专职工作人员。党政主要负责人亲自挂帅主抓脱贫攻坚工作，坚持把强化组织领导作为扶贫开发的根本措施，及时调整充实扶贫开发工作领导小组，夯实职责任务，科学制订工作方案，明确具体的"时间表"和"路线图"。如白河县仓上镇辖10个村，分别是红花、仓坪、裴家、东庄、马庄、农庄、天宝、槐坪、灯塔、石关。从县到镇到村，每一级都设立扶贫主要负责人员和部门，每位精准识别的贫困户都配备专职帮扶单位和帮扶干部，做到精准识别、精准帮扶。仓上镇负责统筹布局10个村脱贫攻坚任务书和时间表，县、镇、村三级单位联合为每户贫困户配备专职帮扶单位和帮扶干部。有的村还制订了本村详细可视的脱贫攻坚作战图，将脱贫攻坚工作做到扭住关键、精准发力、明确责任且狠抓落实，最终实现精准扶贫精准帮扶工作的细致到位、有依有据、一目了然。

二　白河县脱贫攻坚政策体系

白河县"十三五"期间脱贫攻坚总体目标是：到 2020 年稳定实现扶贫对象不愁吃、不愁穿，义务教育、基本医疗和住房安全有保障；贫困地区农民人均可支配收入增长幅度高于全省平均水平，基本公共服务主要领域指标接近全省平均水平；确保现行省级标准下 4.2 万贫困人口脱贫，74 个贫困村脱贫，贫困县摘帽。基于脱贫攻坚总体目标，白河县在不断脱贫的努力和实践中形成了完善的脱贫攻坚政策体系，从贫困户的精准认定到精准帮扶再到精准退出均有具体的规章制度和政策。

1. 贫困户识别程序和"九条红线"

人均纯收入低于 3901.8 元，且贫困发生率在 40% 以上的村为贫困村。人均纯收入低于 3015 元且"两不愁三保障"未得到有效解决的人群为贫困户。贫困户识别有八道程序：一是农户申请；二是村民代表大会民主评议；三是村委会和驻村工作队核实；四是第一次公示；五是乡镇人民政府审核；六是第二次公示；七是县扶贫办复审；八是确认公告。

有以下九种行为的人群不被认定为贫困户：第一，建（购）商品房（移民搬迁安置房除外）或现有住房装修豪华、家用电器豪华、自费参加高消费娱乐活动、家庭日常生活消费支出明显高于扶贫标准的，不能成为贫困对象；第二，家庭拥有小轿车（帮扶部门资助的车辆除外）、大型农用车、工程机械的，不能成为贫困对象；第三，家中有现任村支部书记、村长和文书的，不能成为贫困对象；第四，家庭成员（父母子女关系）或法定赡养人、抚养人中有在国家机关、事业单位、社会团体等由财政部门统发工资且在编的或在国有大中型企业工作连续十年以上、收入较稳定的（军烈属除外），不能成为贫困对象；第五，家庭成员有担任私营企业负责人的，长期从事各种工程承包、发包等营利性活动的，长期雇用他人从事生产经管活动的不能成为贫困对象；第六，未如实提供家庭收入，隐瞒生活财产，故意放弃或转移生活财产的，家庭成员中有自费出国留学、购买商业养老保险的不能成为贫困对象；第七，家中一年以上无人居住、无法取得联系、无法提供其实际居住证明、人户分离的，不能成为贫困对象；第八，因赌博、吸毒、打架斗殴、寻衅滋事、长期从事邪教活动等违法行为被公安机关处理且拒不改正的，不能成为贫困对象；第九，贫困户识别公示期间经举报查实后的，或者对群众举报和质疑不能做出合理解释的，不能成为贫困对象。

2. 精准帮扶的"八个一批"工程

开对了"药方子"，才能拔掉"穷根子"。2015 年 10 月 16 日，习近平总书记在减贫与发展高层论坛上首次提出"五个一批"的脱贫措施，为打通脱贫"最后一公里"开出破题药方。随后，"五个一批"的脱贫措施被写入《中共中央国务院关于打赢脱贫攻坚战的决定》，经中共中央政治局会议审议通过。依据习总书记提出的"五个一批"，结合贫困村和贫困人口的基本特征，白河县提出实施"八个一批"工程。

一是实施易地搬迁脱贫一批。坚持集中安置和进城入镇进社区安置的基本思路,探索国家易地扶贫搬迁与陕南避灾扶贫搬迁政策的有效对接,加快搬迁进度,提升工作质量。2018年底前全面完成特困户搬迁安置任务,推进土地腾退、两证办理试点工作。坚持把增收致富作为重中之重,采取企业带动、产业支撑、技能提升、资金互助等有效模式,确保搬迁户增收致富。

二是发展特色产业脱贫一批。围绕白河县确定的茶叶、木瓜、畜牧、核桃、魔芋、中药材等重点产业,创新特色高效农业产业脱贫模式。探索龙头企业带动、合作组织互动、景区园区牵动、能人大户联动、综合帮扶驱动的"五动"精准扶贫办法,实施"一村一社一业、一户一法"产业推进行动,支持贫困村、贫困户因地制宜发展乡村旅游、特色种养、传统手工等,促进扶贫龙头企业、农民合作社、家庭农场、能人大户与贫困户建立利益联结机制,加快三次产业融合发展,让贫困户更多分享产业价值链增值收益。

三是引导劳务输出脱贫一批。坚持有组织输出与群众自发、外出务工与就地务工、培训输出与低水平输出相结合,做强劳务经济。统筹使用各类培训资源,引导企业扶贫与职业教育相结合,确保贫困家庭劳动力至少掌握一门致富技能,实现就业技能脱贫。建设县、镇劳动就业和社会保障服务平台,引导和支持用人企业在贫困地区建立劳务培训基地,开展好定点定向培训,建立和完善输出地与输入地劳务对接机制。加大创业政策扶植力度,优化劳动力、资本、土地、技术、管理等要素配置，激发创新创业活力。

四是提供就业岗位脱贫一批。加大招商引资力度，积极引进劳动密集型企业，加大资源开发利用，引导贫困群众到企业务工，帮助更多贫困户实现就近就地就业和稳定增收。大力鼓励全民创业，支持发展第三产业，多渠道帮助贫困群众创业就业。政府购买服务优先招聘贫困家庭劳动力，在城镇、社区设置一批公益性岗位，供贫困群众就业，解决其生计和发展问题。

五是实施生态建设脱贫一批。加大生态保护修复力度，支持贫困村、贫困户充分利用林地、坡地、水域等资源，大力发展山林经济、山水旅游，推动山林经济由种养型向加工市场销售型转变，打造一批山林经济园区，构建林下经济与旅游产业结合的经济体系。加大贫困村新一轮退耕还林力度，完善生态补偿转移支付机制，从生态补偿转移支付资金中安排一定比例作为贫困群众保护生态的劳动酬劳，增加贫困户政策性收入。

六是开展健康医疗扶贫脱贫一批。完善医疗救助机制，落实救助政策，扩大救助范围，引导贫困户树立健康生活理念，实施健康医疗扶贫工程。建立贫困人口健康卡，对贫困人口大病实行分类救治和先诊疗后付费的结算制度；将贫困人口全部纳入重特大疾病救助范围；加大农村贫困残疾人康复服务投入和医疗救助力度，扩大纳入基本医疗范围的残疾人医疗康复项目。全力实施贫困地区儿童营养改善、新生儿疾病免费筛查、农村适龄妇女"两癌"免费筛查、孕前优生健康免费检查等公共卫生项目；实现医疗机构医生与因病致贫贫困户一对一对口帮扶。

七是强化教育扶贫脱贫一批。把教育扶贫作为"断穷根"的重要支撑，帮助每一个贫困家庭子女上得起学。学前一年教育免除保教费，对贫困家庭学前一年在园幼儿每年给予 750 元生活补贴；落实好义务教育阶段"两免一补"政策（免除学杂费和教科书费，对家庭经济困难的寄宿生按照每生每年小学 1000 元、初中 1250 元的标准给予生活补贴，实施营养餐改善计划全覆盖）；率先对建档立卡的家庭经济困难学生实施普通高中免除学杂费，每生每年发放 2000 元的高中助学金；逐步分类推进中等职业教育，对贫困家庭的中高职在校生，除享受国家职业教育资助政策外，每人一次性再给予 3000 元扶贫助学补助；对贫困家庭在校大学生实行生源地助学贷款全覆盖。加大对乡村教师队伍建设的支持力度，全面落实乡村教师生活补助政策，为乡村学校定向培养留得下、稳得住的"一专多能"教师。

八是落实兜底保障脱贫一批。加快完善城乡居民基本养老保险制度，适时提高基础养老金标准，引导农村贫困人口积极参保续保。核查兜底贫困人口，自 2016 年起实行农村低保标准与扶贫标准"两线合一"；实行暂退低保帮扶措施，对当年超过低保标准但收入尚不稳定的农村家庭延续 12 个月低保政策，其中残疾人家庭可再适度延长救助时限；加大临时救助制度在贫困区域落实力度，帮助农村贫困群众应对突发性和临时性基本生活困难；加快敬老院等养老设施建设力度，实现对孤、残等特困人员的集中供养。健全留守儿童、留守妇女、留守老人和残疾人关爱服务体系。对农村"三留守"人员和残疾人进行全面摸底排查，建立翔实完备、动态更新的信息管理系统，与精准扶贫信息管理系统进行有效对接；加强救助保护机构、特困人员供养机构、残疾人康复托养机构、社区儿童之家等服务设施和队伍建设，不断提高管理服务水平；建立家庭、学校、基层组织、政府和社会力量相衔接的留守儿童关爱服务网络，健全孤儿、事实无人抚养儿童、低收入家庭重病重残等困境儿童的福利保障体系；引导和鼓励社会力量参与特殊群体关爱服务工作。

3. 贫困户退出标准及程序

满足以下六个条件的贫困户必须退出：一是家庭人均纯收入达到3015元以上；二是有安全住房；三是居住地路、水、电配套；四是家庭无义务教育阶段辍学学生；五是参加新型农村合作医疗和大病保险；六是按规定参加农村社会养老保险。

贫困户退出程序如下：首先，村"两委"结合上年年度脱贫计划，组织村民民主评议、提出当年拟退出贫困户名单，征得拟退出贫困户同意后，初步确定拟脱贫退出贫困户；其次，由村"两委"干部和驻村工作队按照贫困户的脱贫退出标准和指标要求，调查收集上年贫困户脱贫信息数据，核实认定贫困户脱贫情况；再次，对初步认定脱贫的贫困户，在村内公开公示7天，无异议的，向乡镇申报脱贫退出贫困户名单，有异议的，再次组织核查认定后，在村内公开公示，然后，乡镇组织村"两委"干部和驻村工作队，对各村申报退出的贫困户全面开展交叉核查最终确定年度脱贫退出贫困户，并公告退出结果，向贫困户发送脱贫退出通知书；最后，县级成立核查组，进村入户抽查，对有脱贫任务的镇村必须全覆盖，抽查比例不低于当年脱贫户数的10%，每个乡镇不少于30户，进一步确认后，在扶贫信息系统中脱贫销号。

三 白河县脱贫攻坚工作的主要亮点和特色[①]

1. 探索园区建设新路子培育产业脱贫新动能

白河县坚持把农业园区建设作为深化农业供给侧结构性改革、加快培育农业农村发展新动能、助推脱贫攻坚的重要抓手，大力弘扬"三苦精神"，探索实施了"山上建园区、山下建社区、农民变工人"的循环发展模式，有效破解了"人往哪里去、土地怎么办、钱从哪里来"三大难题，探索出了一条可复制、可借鉴、可推广的贫困地区脱贫致富新路子。截至2017年底，全县已建成4个省级、16个市级、36个县级、18个镇级农业园区，建成园区面积总计7.54万亩，累计完成投资近10亿元，先后打造了茶叶、生猪2个省级主导产业园区，木瓜、茶叶、核桃、魔芋、生猪等8个市级主导产业园区，辐射带动6000余户2万余名贫困人口务工就业和发展产业，实现精准脱贫1862户5138人，

① 资料来源：《白河县2017年政府工作报告》，http://www.baihe.gov.cn/Default.html。

逐渐形成了各级园区"齐头并进梯次发展"、农村农业全面发展、贫困群众普遍就业增收的良好态势。

2."归雁经济"带动一方脱贫

白河县外出务工者占全县人口的60%以上，是名副其实的"打工大县"。为吸引外出人员返乡创业，白河县专门建立起在外创业人才信息库，每年召开在外创业人才座谈会，还经常到全国各地拜访白河籍的创业和务工人员，给他们介绍白河县社会经济发展情况，介绍招商引资的优惠投资政策，用真情吸引外出务工能人带着信息、技术、项目和资金返乡创业。近年来，吸引了一大批农民工返乡创业，渐渐形成了"人回乡、钱回流、企回迁"的现象。政府筑巢"归雁经济"加快了一方群众脱贫的步伐。白河县2500余名农民工"归巢"创业，全县工商企业、农业园区、家庭农场70%以上都是返乡人才创办的，总数达到513户，注册资金20.2亿元，每年能带动8000至1万人脱贫，在当地就业群众每人每年平均增收3万元。按照"新增劳动力一个不少，返乡人员一个不闲"的要求，白河县每年投入资金300万元，整合全县教育、农业、扶贫、人社等多个部门的项目和资源，建立就业创业培训中心，对自主创业的农民工免收培训费、免费发放培训教材和学习资料。2015~2017年这三年，累计开展免费技能培训4500余人，创业培训680人。从"打工大县"到"创业大县"，白河人在最贫困的秦巴山区，开拓出了致富新路。

3.探索"返租让利"的模式，助力"三变"改革

以园区引领型、企业带动型、合作社共建型、贫困户

自主开发型等新形态，探索"返租让利"的模式，形成多种组合方式的利益联结机制，把贫困群众嵌入产业链中，如茅坪镇五峰等茶叶园区贫困户作为股东将土地以资产的方式加入合作社，合作社建设标准化茶园，村党支部为每户加入合作社的贫困户配股1万元，每年按照股本10%给贫困户分红，并将已建好的茶园返租（不收租赁费）给贫困户托管，通过支付茶园管护费用和回收鲜茶叶等措施，让贫困户获得收益。

4. 坚持"三区承载"，安居乐业相辅相成

围绕"搬一批农户、建一片集镇、富一方群众"的要求，积极推行"山上建园区＋山下建社区＋人员进厂区"的搬迁模式和"原籍管理地和林、社区服务房和人"的新型社区服务模式，探索"还山上生态林、建山下新家园、创社区新工厂、培时代新农民"产业发展模式。以就业和增收为核心，有效推动园区引领发展、社区承载搬迁、厂区吸纳就业，实现了搬迁和就业的互利双赢。截至2017年底，全县完成搬迁14113户44168人（超省市下达任务1373户），集中安置12927户，集中安置率达91.6%。完成国家移民搬迁投资8.54亿元，带动社会投资28亿元，城镇化率提升10.2个百分点。三次获得全省陕南地区移民搬迁工作先进县荣誉。

5. 创新"支部＋X＋贫困户"模式，推动精准扶贫

白河县坚持以村党支部为核心，以特色产业链和专业合作社为纽带，深入实施"百村百个现代农业园区、百村百个专业合作社、百村百个山林经济示范点、百村百名技术人才、百村百个电子商务""五百脱贫工程"，全面推

行"支部＋农业园区、＋龙头企业、＋合作社"等 7 种模式，建立"支部引领、企业担责、贫困户受益"的利益联结机制，实现稳定增收脱贫。在每个镇建立一个以上"三变"改革示范点，带动发展村级集体经济。同时，创新开展"双建双培"工作。着力建强党支部，建好"X"，将政治合格、群众威信高的 49 名优秀市场主体带头人培养成党员和村干部，鼓励支持 130 余名有带富能力的党员和村干部创办市场经营主体 208 家，带动 8100 余户贫困户致富增收，实现 74 个贫困村都有党员致富带头人，打造一支党性强、能带富、扎下根的"不走的扶贫工作队"。

6. 大力实施生态建设扶贫

一是支持鼓励贫困村、贫困户充分利用林地、坡地等资源，大力发展山林经济、山水旅游，建设一批山林经济示范点。二是完善生态补偿转移支付机制，从生态补偿转移支付资金中安排一定比例用于脱贫攻坚，增加贫困户政策性收入。三是加大退耕还林等生态工程建设力度，积极争取将 25 度以上坡耕地全部纳入退耕还林范围，积极申报调整基本农田保有指标。四是创新生态资金使用方式，利用生态补偿和生态保护工程资金使当地有劳动能力的部分贫困人口转为生态保护人员。五是开展生态综合补偿试点，健全公益林补偿标准动态调整机制，推动建立横向生态补偿制度。

7. 让传统农业跳起现代舞

近年来，白河县高度重视旅游业的发展，围绕"连通汉江水、建设旅游村"目标，以乡村旅游为基础，以"农业＋旅游"的发展模式，抓住旅游示范镇村建设，积极培育建设一批集休闲、度假、娱乐、体验为一体的"农家乐""生态农庄""家庭农场"，让游客吃农家饭、住农家屋、参与农事劳动等原生态活动，提高游客的参与性和娱乐性，着力推动全县生态文化旅游产业快速健康发展。如今白河县不仅有盛开的桃花、樱桃花，还有大片大片的杏花、李花、牡丹花、芍药花、荷花、金银花，"花经济"成为白河农业转型、群众脱贫致富的新路子。据统计，全县已建成现代农业示范园56个，具备一定规模的赏花胜地已达到6处，而且当地绝大多数旅游节庆活动都围绕花展开，踏青赏花游十分火爆，赏花景点已成为全县及周边市县游客踏青的新热点。截至2017年底，共接待旅游人次达126.78万人次，同比增长42.5%；旅游收入达7.52亿元，同比增长43.8%。

第七节　可歌可泣的"三苦精神"

——记白河县与贫困的斗争史 [1]

一　"三苦精神"溯源

"山大、石头多，出门就爬坡""土无三尺厚、地无

① 详见三苦精神网，http://sanku.akxw.cn/sankusuyuan/kunansuiyue/2016-06-27/58.html，作者衷心感谢"三苦精神"办公室主任谢建华同志为作者提供的无私帮助。

百亩平""雨过三场光石板（下一场雨就把土冲走了），日旱三天地冒烟"等谚语是白河自然条件、气候条件等的真实写照。1949~1970年亩均粮食产量在36~60公斤波动，人均粮食产量长期低于200公斤，仅有几个丰收年份人均粮食产量高于200公斤，如1949年、1955年、1965年和1967年（见表1-3）。1966年，白河县人均粮食产量比全国人均粮食产量低108.47公斤；1970年，白河县人均粮食产量比全国人均粮食产量低101.06公斤。可见，在恶劣的自然环境和贫瘠的土壤条件下，白河县人民的头等问题便是解决温饱问题。为了改变生活现状，勤劳的白河人民不断探索实现粮食增产的方法。"三苦精神"，最初就是白河人民在解决吃饭问题的实践中淬炼形成的。

表1-3 1949~1970年白河县粮食作物面积及产量

年份	耕地面积 （万亩）	播种面积 （万亩）	亩均产量 （公斤/亩）	人均产量 （公斤/人）
1949	23.00	36.06	63.25	207.64
1950	24.47	37.63	40.90	141.73
1955	35.03	51.09	63.60	279.86
1961	35.60	54.69	30.45	120.12
1965	34.47	57.00	64.00	247.18
1966	34.08	54.37	50.00	178.63
1967	33.63	54.31	57.00	201.51
1968	33.07	53.48	54.20	181.55
1969	33.05	52.67	58.80	178.32
1970	32.81	53.77	57.10	188.04

资源来源：白河县地方志编纂委员会编《白河县志》，陕西人民出版社，1996。

在生产实践中，最早由本地农民李太根在大方乡组织群众用石头或土垒成坎子修地，进行保土、保水、保肥，修地后人均粮食产量超过200公斤。自此，修梯地成为改善耕地质量，提高亩产，解决温饱问题的重要方式之一。自1972年开始，在中共县委主要负责人——李群欣（1971年任县委常委、县委副书记、县革委副主任，1975年任县委书记、县革委主任，1978年调离白河县）的主导下，开始兴修石坎水平梯地，全县先后组织起1500多个农建专业队，坚持"冬春大会战，长年不断线"，大修石坎水平梯地。白河人民编写了"学大寨，修梯田，石坎坎，金碗碗，质量标准第一关。等高石坎，水平连片，深翻五尺，活土盖面。路沟齐全，亩肥一万，粮过五百（市斤），多做贡献"等具有白河地方特色的顺口溜式的小调。从此，"石坎坎，金碗碗"在全县广为传唱。

1973~1977年白河县累计修石坎水平梯地88000多亩，人均石坎水平梯田达到0.5亩，粮食亩产由50~60公斤迅速提高到1977年的89.4公斤。1979年，白河县总耕地面积27.97万亩，粮食总产量却达到5333万公斤，历史性地突破亿斤大关。

1972~1993年，白河县人民修了3.5万公里长的梯地，相当于筑成7个万里长城，修成了"保土、保水、保肥"的23.33万亩梯田，实现了人均一亩基本农田的梦想，即实现了"石坎坎，金碗碗"。自此白河县人民解决了吃饭问题。基于此，1991年国务院在白河县召开"全国贫困山区经济开发经验交流会"，会后，国务院向全国印发《白河县大力开展农田基本建设是贫困山区从解决温饱，走向综合经济发展的必由之路》的经验材料。白河县的治山创业精神从三秦大地走向全国，中央层面对白河建设的肯定是白河"三苦精神"形成的基本阶段。20世纪90年代末，中共县委、县政府在推进县域经济结构调整和全面建设小康社会的探索中，赋予治山创业精神以"领导苦抓、干部苦帮、群众苦干"的时代内涵，升华为具有普遍意义的"三苦精神"。

二 "三苦精神"与白河县人民的脱贫史

石坎梯地解决了白河人民的基本吃饭问题，但全县的经济发展仍很滞后，1997年，全县1/3的人口生活在温饱线以下；干部职工工资不能正常发放，县直机关的工作条件差到办公用纸、打字油墨要计张论两领取；停电、停水、停用电话的情况时常发生。面对这种困境，中共县委、县政府和全县广大干部群众一道，继续发扬"三苦精神"，为改变贫穷落后面貌、实现兴县富民的目标干一番事业。为了找到白河振兴发展的突破口，白河县广大干部群众对县情进行了深入细致的调查分析，发现白河的经济发展之所以长期处于滞后状态，除了自然条件差之外，一个十分重要的原因就是农业生产经营观念落后，产业结构单一，粮食作物多，经济作物少，传统产业多，特色产业少，分散零星多，集中规模少；农业生产效益低下，农村经济发展迟缓，导致全县经济发展根基脆弱，工业、交通等其他产业也难以迅速发展。因此，要改变白河贫困面貌，首先要从更新农业生产经营观念和调整农业产业结构做起。

1998年县第十一次党代会确定了"调整结构，发展黄姜、蚕桑、烤烟三大主导产业；深化改革，创新机制，培育加工、矿产、建材、化工四大支柱；招商引资，扩大开放，实现非公有制经济新突破；抢抓机遇，加快以'三通'为重点的基础设施建设步伐"等经济发展思路，形成了"三个主导产业富民，四个工业支柱兴县，姜烟桑奔小康"的发展格局。截至2002年底，全县农村粮经作物种植比例已由五年前的8∶2变为2∶8，其中黄姜种植面积由1997年的3000亩发展到14万亩，位居全国前列，2002年被确定为国家中药材规范化种植基地；1999~2001年全县栽种桑树7000多万株，桑园面积由4万亩增长到10万亩，年养蚕由5000张增长到3.2万张；烤烟种植面积由8000亩发展到2.2万亩。2000年以来，每年仅姜、烟、桑三大主导产业，就带动农民增收过亿元，为地方财政创税1000余万元。农村经济的发展，也带动了全县整个经济建设面貌的改观。五年共引进资金近3亿元，引进外地客商30余家；工业经济初步形成加工、矿产、建材、化工四大工业支柱的新格局，并呈现出规模扩张、效益提高的发展态势，总产值由五年前的0.85亿元增长到1.95亿元，年均增长18%，年提供税收近1000万元。除了通过振兴白河县当地产业强民富民，白河县领导干部积极鼓励劳务输出，鼓励有能力的群众走出大山。县镇劳动局等部门联合成立培训机构，让白河人民学习技能出去打工，每年高峰期打工人口达9万多人。白河县产业经济和劳务经济发展的鼎盛时期，也是白河经济快速发展的主要阶段。2003年中共省委在白河县召开"艰苦创业精神现场会"，会议的召开是新时代对白河"三苦精神"的再一次肯定和升华。面对自然条件十分恶劣的现状，白河人民没有裹足不前，而是穷则思变、果敢决断，大修水平梯地，解决了吃饭问题。随后，又大胆改变传统和落后的生产经营观念，适应市场需求，挖掘资源优势，及时研究新情况、解决新问题、建立新机制，不断探索调整各个时期的发展思路，闯出了一条振兴白河县域经济的特色发展之路。

自实施精准扶贫精准脱贫方略以来，白河县人民在中共县委、县政府带领下，继续弘扬"三苦精神"，形成了"领导苦抓抓项目，干部苦帮帮技术，群众苦干建家园""领导苦抓抓全面、干部苦帮帮具体、群众苦干要脱贫"等方方面面的"三苦精神"。易地搬迁和产业扶贫是白河县脱贫攻坚的主要手段，为吸引外出人员返乡创业，白河县专门建立起在外创业人才信息库，每年召开在外创业人才座谈会，还经常到全国各地拜访白河籍的创业者和务工人员，给他们介绍白河县社会经济发展情况，介绍招商引资的投资优惠政策，用真情吸引外出务工能人带着信息、技术、项目和资金返乡创业。近年来，白河县吸引了一大批农民工返乡创业，渐渐形成了"人回乡、钱回流、企回迁"的现象。政府筑巢"归雁经济"加快了一方群众脱贫的步伐。白河县成立"扶贫政策宣讲团"，广泛宣讲扶贫政策；弘扬"三苦精神"，践行社会主义核心价值观，白河黄氏家族传承的"修身立德，风正行远"等家规家风得到中纪委专题宣传推广；开展道德宣讲、文明家庭创建活动，参加率达95%，20多个单位荣获中、省、市文明单位称号；开展"道德讲堂"23次，命名表彰了55名"勇担当、善作为"先进个人；严厉打击婚丧嫁娶大操大办和打牌赌博"两股歪风"，村规民约倡导婚丧嫁娶随礼不超过100元，签订拒赌承诺书，公开通报老赖、失信人员230人次；组织开展了"脱贫攻坚、文化同行"大型文化惠民演出活动巡回各镇、村进行展演，受惠群众达6000多人，在全县推荐评选自强标兵和优秀帮扶干部150余名，有效增强群众脱贫的信心和勇气，激发了群众脱贫动力。

"三苦精神"是白河人民形成的一种习惯，这种艰苦奋斗、吃苦耐劳的品格与生俱来且代代传承。从形成阶段和发展看，"三苦精神"是白河人民代代传承的地域人文精神。弘扬"三苦精神"，践行社会主义核心价值观，是白河县人民艰苦奋斗、吃苦耐劳、不畏艰辛、越挫越勇等传统美德的延续。在不同时期，白河人民赋予"三苦精神"不同的内容和使命。打赢脱贫攻坚战时期，领导干部与群众继续弘扬"三苦精神"，齐心协力、不畏艰辛、不怕困难共同走完白河县脱贫攻坚的万里长征路，争取与全国同步迈入小康社会。

第二章

灯塔村村情

第一节 灯塔村历史沿革

灯塔村位于仓上镇秦巴山脉东段，在海拔 900 米的青龙寨山峰、海拔 600 米的石门垭、海拔 800 米的葫芦寨峰、海拔 800 米的强盗山山峰、海拔 700 米的双庙垭山峰之间。2004 年 7 月，在全国村镇合并的行政风潮下，灯塔村和相邻的井坪村合并为一个行政村。村子虽然自然条件恶劣，但是周边也算山清水秀。围绕村子的有一条龙潭河。这条河据说早有龙氏、谭氏两大家族在此居住，目前还保留着老宅基，故得名龙潭河，名字一直从清朝早期沿用至今。有一条公路，吊钩庄桥路，2016 年通车，可以到达灯塔村，但是不能通往山上每户住户。灯塔村已实现全村通电。

灯塔村是一个杂姓村，以"周"、"秦"和"王"姓为主。目前，村子共有农业合作社4个，参加农业合作社的贫困农户有138户。灯塔村有1个卫生室，1名村医，3个村公共卫生间，8个垃圾集中堆放点，1个图书室。

根据传说[①]，灯塔村名字的由来是在村子东边，有一块方圆七八亩的土地，传说这种风水宝地不是一般人家能随便拥有的，左青龙右白虎前朱雀后玄武。周朝时，官方为了防止老百姓私自在这块风水宝地上修坟建房，就简单建造了一座10米见方，高约15米的塔。后来因为年久失修，塔身已经不见了，但是塔基一直都在。因为这座塔的存在，位于塔西边的一个小村就叫作"简塔"村，有时也称"检塔"，意思是简单建了一座塔旁边的小村子。

发展到20世纪六七十年代，人民公社时期，出于各种原因大家觉得"简塔"这个名字叫起来不是那么好听，在镇政府和村委会的协商下，"简塔"更名为"灯塔"。于是简塔村变成了灯塔村。2000年之后，原灯塔村的人口发展到1100多人。

灯塔村的邻村，有一个井坪村，原有人口800多人。井坪村得名于村子里有一块5亩左右的土地上居然就有7口井。这7口井一直到20世纪50年代，都一直在

① 灯塔村村书记秦仁义、村民张长林口述，由作者整理。

使用。

　　相对井坪村，由于灯塔村的人数较多，合并后的村子保留了"灯塔"的叫法。在合并之前，灯塔村原有9个村民小组，井坪村原有6个村民小组。到2016年，新的灯塔村经过合并整理，共有村民小组10个，总户数514户，人口1816人。劳动力人口1171人，外出务工人数750人。灯塔村隶属于仓上镇，地处仓上镇东部，村委会驻地娘娘庙（见图2-1）。

图2-1　灯塔村局部

（秦新苗拍摄，2016年12月）

第二节　农户居住分布情况

灯塔村下辖自然村有霍家坡、黄家哑、蔡家庄、检塔、中院坪、白坡、娘娘庙、拐子沟、王家庄、井坪、椅子坪、井坪学校，共 12 个居民居住点（见表 2-1）。其管辖范围东至石关村，南至槐坪村，西至天宝村，北至旬阳龙潭河村。总户数为 514 户，总人口为 1816 人，均为汉族。农业以种植为主，经济来源以劳务输出为主。全村参加新型农村合作医疗的人数为 1738 人，参加城乡居民基本养老保险的人数为 870 人，参加城镇职工基本养老保险的人数为 4 人。

一　霍家坡

霍家坡是灯塔村民委员会下辖的 1 组，地处灯塔村民委员会东部，东至石关村，南至龙潭河，西至本村 3 组东沟，北至旬阳龙潭河村。总户数为 53 户，总人口为 199 人，均为汉族。总面积为 0.9 平方公里，农业以种植玉米、大棚蔬菜、核桃为主，经济来源以劳务输出为主。因新中国成立前全是霍氏家族居住得名，并一直沿用至今。

二　黄家哑

黄家哑是灯塔村民委员会下辖的 1 组，地处灯塔村

民委员会东部，东至石关村，南至龙潭河，西至本村 3
组东沟，北至旬阳龙潭河村。总户数为 20 户，总人口为
56 人，均为汉族。总面积为 0.6 平方公里，农业以种植
玉米、大棚蔬菜、核桃为主，经济来源以劳务输出为主。
黄家哑原名宝坪，新中国成立后因黄姓哑巴在此居住得
名，一直沿用至今。

三　蔡家庄

蔡家庄是灯塔村民委员会下辖的 2 组，地处灯塔村民
委员会东南部，东至石关村，南至槐坪村，西至本村 3 组
检塔，北至龙潭河为界。总户数为 42 户，总人口为 137
人，均为汉族。总面积为 1 平方公里，农业以种植玉米、
核桃为主，经济来源以劳务输出为主。因蔡氏家族居住得
名，自清朝一直沿用至今。

四　检塔

检塔属于灯塔村民委员会下辖的 3 组，地处灯塔村民
委员会南部，东至本村 2 组小检塔，南至本村 6 组拐子
沟，西至本村 4 组安河口，北至旬阳龙潭河村三队为界。
总户数为 29 户，总人口为 125 人，均为汉族。总面积为
0.7 平方公里，农业以种植玉米、大棚蔬菜、核桃和养羊
为主，经济来源以劳务输出为主。因此地有简易灯塔得
名，自清朝一直沿用至今。

五 中院坪

中院坪属于灯塔村民委员会下辖的3组，地处灯塔村民委员会南部，东至本村2组小检塔，南至本村6组拐子沟，西至本村4组安河口，北至旬阳龙潭河村三队为界。总户数为20户，总人口为60人，均为汉族。总面积为0.5平方公里，农业以种植玉米、大棚蔬菜、核桃和养羊为主，经济来源以劳务输出为主。原有上、中、下院，因中院所在地叫大坪而得名，新中国成立后一直沿用至今。

六 白坡

白坡属于灯塔村民委员会下辖的4组，地处灯塔村民委员会中部，东至本村安河口，南至本村娘娘庙，西至药树坪，北至旬阳龙潭河村三队为界。总户数为48户，总人口为182人，均为汉族。总面积为1.1平方公里，农业以种植魔芋、核桃和养猪、养羊为主，经济来源以劳务输出为主。因白氏家族居住得名，新中国成立后一直沿用至今。

七 娘娘庙

娘娘庙属于灯塔村民委员会下辖的5组，地处灯塔村民委员会中部，东至本村3组安河口，南至本村6组石门哑，西至本村10组蚂蟥沟，北至本村4组龙潭河。总户数为41户，总人口为165人，均为汉族。总面积为1.2平方公里，农业以种植核桃和养猪为主，经济来源以劳务输出为主。因在此地有一座娘娘庙得名，新中国成立后一直沿用至今。

八　拐子沟

拐子沟属于灯塔村民委员会下辖的 6 组，地处灯塔村民委员会南部，东至本村 3 组检塔，南至槐坪村 9 组，西至本村 10 组蚂蟥沟，北至本村 5 组石门哑。总户数为 32 户，总人口为 106 人，均为汉族。总面积为 0.8 平方公里，农业以种植玉米、核桃为主，经济来源以劳务输出为主。因在沟边上长了棵大拐枣树得名，新中国成立后一直沿用至今。

九　王家庄

王家庄属于灯塔村民委员会下辖的 7 组，地处灯塔村民委员会西北部，东至本村 4 组药树坪，南至本村 10 组小河，西至天宝村 9 组双庙晏，北至旬阳龙潭河村 5 组为界。总户数为 53 户，总人口为 195 人，均为汉族。总面积为 1.3 平方公里，农业以种植魔芋、核桃和养猪、养羊为主，经济来源以劳务输出为主。因王氏家族居住得名，新中国成立后一直沿用至今。

十　井坪

井坪属于灯塔村民委员会下辖的 8 组，地处灯塔村民委员会西北部，东至本村 7 组王家庄，南至本村 10 组小河，西至本村 9 组椅子坪，北至龙潭河村三队为界。总户数为 36 户，总人口为 162 人，均为汉族。总面积为 1 平方公里，农业以种植玉米、核桃为主，经济来源以劳务输出为主。因一个坪中有 7 口水井得名，新中国成立后一直沿用至今。

十一　椅子坪

椅子坪属于灯塔村民委员会下辖的 9 组，地处灯塔村民委员会西部，东至本村 10 组小沟，南至本村 10 组小沟，西至天宝村 9 组双庙哑，北至本村 8 组长凹。总户数为 37 户，总人口为 140 人，均为汉族。总面积为 1.1 平方公里，农业以种植玉米、核桃和养猪、养羊为主，经济来源以劳务输出为主。因从远处看像把椅子得名，自清朝一直沿用至今。

十二　井坪学校

井坪学校属于灯塔村民委员会下辖的 10 组，地处灯塔村民委员会西南部，东至本村 5、6 组洞子沟，南至槐坪村 9 组，西至本村 9 组小沟，北至本村 7 组小沟。总户数为 58 户，总人口为 200 人，均为汉族。总面积为 1.4 平方公里，农业以种植魔芋、核桃和养猪、养羊为主，经济来源以劳务输出为主。因原井坪村学校得名，自新中国成立后有学校起一直沿用至今。

表2-1 灯塔村各居民点基本情况

序号	标准名称	地名含义	历史沿革	行政隶属与地理位置	住户情况
1	霍家坡	因新中国成立前全是霍氏家族居住得名	自新中国成立前一直沿用至今	地处灯塔村民委员会东部，东至石关村，南至龙潭河，西至本村3组东沟，北至旬阳龙潭河村	53户199人，均为汉族
	黄家垭	因新中国成立后黄姓哑巴在此居住得名	原名叫宝坪，新中国成立后因黄姓哑巴在此居住得名，一直沿用至今		20户56人，均为汉族
2	蔡家庄	因蔡氏家族居住得名	自清朝一直沿用至今	地处灯塔村民委员会南部，东至石关村，南至槐坪村，西至本村3组检塔，北至龙潭河为界	42户137人，均为汉族
3	检塔	因此地有简易灯塔得名	自清朝一直沿用至今	地处灯塔村民委员会南部，东至本村2组小检塔，南至本村6组绍子沟，西至本村4组安河口，北至旬阳龙潭河村三队为界	29户125人，均为汉族
	中院坪	原有上、中、下院，因中院所在地叫大坪而得名	新中国成立后一直沿用至今	西至本村4组安河口，北至旬阳龙潭河村三队为界	20户60人，均为汉族
4	白坡	因白氏家族居住得名	新中国成立后一直沿用至今	地处灯塔村民委员会中部，东至本村安河坪，南至本村娘娘庙，西至药树坪，北至旬阳龙潭河村三队为界	48户182人，均为汉族
5	娘娘庙	因在此地有一座娘娘庙得名	新中国成立后一直沿用至今	地处灯塔村民委员会中部，东至本村3组河口，南至本村6组门哑，西至本村10组鹞塘沟，北至本村4组龙潭河	41户165人，均为汉族

序号	标准名称	地名含义	历史沿革	行政隶属与地理位置	住户情况
6	拐子沟	因在沟边上长了7棵大枸枣树得名	新中国成立后一直沿用至今	地处灯塔村民委员会南部，东至本村3组检塔，南至槐坪村9组，西至本村10组鹌鹑会，北至本村5组石门哑	32户106人，均为汉族
7	王家庄	因王氏家族居住得名	新中国成立后一直沿用至今	地处灯塔村民委员会西北部，东至本村4组药树坪，南至本村10组小河，西至天宝村9组双庙晏，北至旬阳龙潭河村5组为界	53户195人，均为汉族
8	井坪	因一个坪中有7口井得名	新中国成立后一直沿用至今	地处灯塔村民委员会西北部，东至本村7组王家庄，南至本村10组小河，西至本村9组椅子坪，北至龙潭河村三队为界	36户162人，均为汉族
9	椅子坪	因从远处看像把椅子得名	自清朝一直沿用至今	地处灯塔村民委员会西部，东至本村10组小河，南至本村10组小沟，西至天宝村9组双庙哑，北至本村8组长凹	37户140人，均为汉族
10	井坪学校	因原井坪村学校得名	自新中国成立后有学校起一直沿用至今	地处灯塔村民委员会西南部，东至本村5、6组洞子沟，南至槐坪村9组，西至本村9组小沟，北至本村7组小河	58户200人，均为汉族

资料来源：灯塔村委会。

第三节　农业生产发展和居民收入

一　农业生产条件有限，以粮食为主

1. 土地和种植情况

灯塔村现有农户 514 户 1816 人，从第一个到第十个生产小组拥有的耕地面积分别为 348 亩、221.51 亩、297 亩、232 亩、259 亩、223 亩、386 亩、320 亩、232.4 亩、232.4 亩（见表 2-2）。主要种植的农作物有小麦和玉米，年均小麦面积 550 亩，玉米面积 1021 亩。

表 2-2　灯塔村各生产小组（自然村）土地和生产

序号	标准名称	土地面积、物产经济	生产小组设施
1	霍家坡 / 黄家哑	总面积共计 1.5 平方公里。耕地面积共计 348 亩，以种植玉米、大棚蔬菜、核桃为主	蔬菜大棚，养鸡场，硬化路
2	蔡家庄	总面积为 1 平方公里。耕地面积 221.51 亩，以种植玉米、核桃为主	村道经过
3	检塔 / 中院坪	总面积共计 1.2 平方公里。耕地面积共计 297 亩，以种植玉米、大棚蔬菜、核桃和养羊为主	蔬菜大棚，养羊场，村道经过
4	白坡	总面积为 1.1 平方公里。耕地面 232 亩，以种植魔芋、核桃和养猪、养羊为主	魔芋种植园区，村道经过
5	娘娘庙	总面积为 1.2 平方公里。耕地面 259 亩，以种植核桃和养猪为主	村道经过
6	拐子沟	总面积为 0.8 平方公里。耕地面 223 亩，以种植玉米、核桃为主	无任何设施
7	王家庄	总面积为 1.3 平方公里。耕地面积 386 亩，以种植魔芋、核桃和养猪、养羊为主	土路到组

序号	标准名称	土地面积、物产经济	生产小组设施
8	井坪	总面积为 1 平方公里。耕地面 320 亩，以种植玉米、核桃为主	土路到组
9	椅子坪	总面积为 1.1 平方公里。耕地面积 232.4 亩，以种植玉米、核桃和养猪、养羊为主	无任何设施
10	井坪学校	总面积为 1.4 平方公里。耕地面积 232.4 亩，以种植魔芋、核桃和养猪、养羊为主	村主线路经过，贫困户安置点

资料来源：灯塔村 2016 年农业普查表。

2.主要作物

2016 年全村小麦面积共有 550 亩，玉米 1021 亩，大豆 231 亩，绿豆 101 亩，豌豆 200 亩，马铃薯 350 亩，甘薯 220 亩。总体产量不高，小麦和玉米的亩产仅有 250 公斤。根据对灯塔村随机抽取的 60 户农户的数据，户均自有效耕地面积不足 2 亩，户均经营面积不足 1 亩；旱地自有面积不足 2 亩，经营面积不足 1 亩；林地户均自有面积 3 亩多，户均经营面积 2 亩多。因为自然条件的先天不足，农业很难发展起来；交通条件的艰苦，使得灯塔村成为秦巴集中连片特困县下的村庄之一。灯塔村除了种植业外，还有一些养殖业。

二 收入来源单一，以外出务工为主

2016 年灯塔村劳动力人口数为 1171 人，基本以外出打工为主。外出务工人数 750 人。外出半年以上劳动力人数 500 人左右，举家外出打工的有 240 户。2016 年农民年均纯收入 8569 元，村集体收入 54500 元。

根据在灯塔村随机访问的 60 户农户的问卷调查结果看，2016 年灯塔村平均每户总收入 38191.27 元。其中工资性收入平均每户 24878.79 元，占总收入的 65.14%；农业经营收入平均每户 1900 元，占总收入的 4.97%；非农经营收入平均每户 7555.56 元，占总收入的 19.78%；没有财产性收入；赡养性收入平均每户 688.46 元，占总收入的 1.80%；养老金、离退休金收入平均每户 765 元，占总收入的 2.00%；报销医疗费平均每户 1788.46 元，占总收入的 4.68%；礼金收入平均每户 69 元，占总收入的 0.18%；其他各种补助平均每户 546 元，占总收入的 1.43%。如图 2-2 所示，可以看出灯塔村村民的收入主要来源于外出务工的工资性收入。

这种收入结构极其不稳定，一旦身体状况出现意外，或者年龄不适合外出打工，家庭将丧失绝大部分收入而成为贫困户。

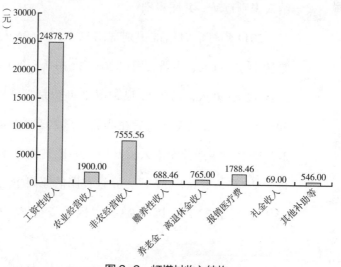

图 2-2　灯塔村收入结构

资料来源：精准扶贫精准脱贫百村调研 - 灯塔村调研。

说明：本书统计图表，除特殊标注外，均来自灯塔村调研。

第四节 灯塔村精准扶贫精准脱贫工作

一 灯塔村的贫困情况

2016年，灯塔村的贫困识别标准如下。第一，按照农民人均纯收入低于3015元（2010年2500元不变价）的省级扶贫标准执行，同时将农民人均纯收入低于2855元（2010年2300元不变价）的国家扶贫标准的贫困户区分开来。第二，以是否解决"两不愁、三保障"［吃穿不愁（包括安全饮用水），义务教育、基本医疗、住房安全有保障］为基本原则。对于与法定赡养人分别立户，且需纳入建档立卡范围的农户，必须选择一个法定赡养人家庭一并纳入识别范畴，共同识别。

2014年灯塔村精准识别贫困户212户606人；2015年脱贫11户30人，在册贫困户201户576人；2016年回头望脱贫12户30人，返贫11户31人，新识别3户8人，共计203户585人，动态调整后在册贫困户203户594人[①]。在203户中，共涉及585人；其中，一般贫困户148户，低保户23户，五保户32户。导致贫困的原因主要包括因病45户、因学23户、因残23户、因缺资金17户、因缺技

---

① 2016年灯塔村贫困人数从585人动态调整到594人的原因是存在返贫情况，所以人数增加。由此说明扶贫工作决不是"运动式"的工作，而是要不断重视并探索农民增收的长效机制，以免脱贫后再次返贫。

术 3 户、因缺少劳动力 55 户、因自身发展动力不足 23 户、因交通条件落后 12 户、因灾 2 户。目前采用的脱贫方法主要有易地搬迁、产业扶贫和兜底。

二　灯塔村扶贫脱贫攻坚机制

灯塔村针对脱贫攻坚的任务，成立了攻坚拔寨工作队、综合协调组、人居环境整治工作组、项目监管组、政策宣传组和信息档案工作组。每个组都有明确的任务清单、任务要求、完成时限以及每个时间段的任务进程（见表 2-3）。

三　其他

1. 灯塔村党建工作

灯塔村现有党员 33 人，入党积极分子 2 人，其中男性党员 28 人，女性党员 5 人，平均年龄 50 岁。

灯塔村党委定期发展党员，实行党员定期活动日制度。另外，2016 年还是灯塔村的党建提升年；村支书、主任、文书和监委会主任坚持值班制度。深入推进农村党员"定期活动"并严抓"7+1"重点任务，落实"三会一课""四议两公开"制度、网络党支部"四个同步""3+X+贫困户"模式等。针对"两学一做"开展教育；通过学党章党规，学系列讲话，做合格党员，拓展党的群众路线教育实践活动和"三严三实"。制定支部学习整改情况，主要内容如表 2-4 所示。

表2-3 仓上镇灯塔村脱贫攻坚任务责任清单

组别	责任人员	任务清单	任务要求	时限	任务进度
成立攻坚拔寨工作队	队长：陈武志 责任队长：秦仁义 成员：杨先庭 徐柱明 秦苗新	①2016年10月10日前抽调镇干部组建灯塔村攻坚拔寨工作队；②2016年10月10日前成立综合协调组、信息档案整理组、项目建设监管组、人居环境整治组，进一步厘清各工作组职责，任务要求；③2016年11月10日前召开工作队工作会议，分析研判当前形势，全面冲刺，合力攻坚	全面负责灯塔村脱贫攻坚工作的协调推进，确保年内村摘帽、户脱贫	2016年11月20日前	2016年11月20日前已全部落实到位
综合协调组	组长：李锦受 成员：王永重 胡世杰 李牧国 秦苗新	①负责各单位的联系、协调、督促进度；②负责道路、桥、环境整治、水利工程、绿化、亮化等项目落地建设	①加强单位之间协调、项目落实；②协调建设资金，督促兑付到位	2016年12月底	项目已落实到位
人居环境整治工作组	组长：秦仁义 成员：秦苗新 杨先庭 徐柱明	①新建安置点2个，完成周边环境整治；②新建公共厕所3座	①以经济、美观、实用为原则，杜绝贪大求洋；②2016年12月中旬完成人居环境整治工作；③新建公共厕所3座	2016年12月中旬	已完成总工程70%，预计2016年12月15日前全面完成

组别	责任人员	任务清单	任务要求	时限	任务进度
项目监管组	组长：王永重 成员：胡世杰 秦仁义 杨先庭 秦苗新	①四组至十组道路提升改造硬化3.5公里；②灯塔村至宝园区路8.5公里，灯塔村内改造提升4.5公里；③完成改造提升桩沟桥至秦家湾路3.7公里；③二组饮水改造3000米，十组维修饮水管道2000米	①搞好施工环境保障，确保工程有序高效推进；②做好施工单位的沟通协调，督促工作进度，监管工程质量；③做好同行业部门的沟通协调，及时发现和处理工作中的特殊问题；④做好与包建部门的沟通，定期汇报工作进度，协商解决工作中的难题	2016年11月底	3条正在施工
政策宣传组	组长：陈武志 成员：李秋国 秦苗新 徐柱明	①督促各帮扶干部入户走访、宣传政策，帮扶困难户解决实际问题、完善贫困户收入台账，落实"干部四包"责任制；②2016年11月10日前完成产业奖补发放工作；③2016年12月20日前，完成灯塔村移民搬迁集中安置房屋发放仪式活动；④2016年10月10日前召开院落会、小组会、贫困户会议，加大贫困户对脱贫政策的知晓率，增加贫困户自主脱贫内生动力；⑤2016年11月20日前完成脱贫户人人技能培训150人工作任务	①秦仁义负责督促县直部门帮扶干部入户走访；②通过宣传、帮扶，实现贫困户政策知晓率100%，帮扶干部满意率100%；③通过活动开展，全村脱贫户人人想脱贫，人人争脱贫的良好氛围	2016年12月20日前	各类会议已召开、培训已完成，增收台账在建
信息档案工作组	组长：秦仁义 成员：秦苗新 徐柱明	①2016年11月10日前完成贫困户档案软件归档工作，建立本春农业开发有限公司、养猪产业大户帮扶台账，建立本镇脱贫工作团要求的脱贫攻坚各类专档；②完成各类信息上端、电子版、纸质版脱贫档案归档工作，完成脱贫户上端脱贫光荣榜工作；③完成市场主体建设	①2016年10月底前完成村级精准扶贫一户一档工作；②2016年11月10日前完成农业公司和大户帮扶台账指导各村利其他扶贫类软件；③村干部负责协助提供相应的软件资料；④要确保各类档案规范、整齐、数据真实一致	2016年11月10日前	正在完善各类档案

资料来源：灯塔村委会。

表 2-4 2016 年灯塔村村支书的学习整改情况

存在问题	整改措施	整改时限
对组织纪律、工作纪律要求不严	学习党章总纲部分；如何做个政治上的明白人；学习党章第一章第三条、第八条；学习党章第五章第三十一条，学习党章第七章第三十九条；学习党规第三章第十六条、"六有"、镇党委制定的"六要六不""七要七不"	2016 年 9 月底以前
对精准脱贫工作研究不到位，工作态度不严格，工作目标不明确	学习习近平系列讲话第八章第三条，准确把握新发展理念的科学内涵；学习《既要靠政策扶持也要靠内生动力》；学习《之江新语》的《把帮扶困难群众放到更突出的位置》；学习习近平讲话第七章第一条；学习习近平讲话第十六章第六条	2016 年 12 月底以前

资料来源：灯塔村委会。

2. 村风民俗

灯塔村经济情况不好，但是民风淳朴，村民朴实，生活安定。如在做入户调研时，针对 2016 年家里是否遇到偷抢的问题，只有一户表示有过被偷的情况，其他全部没有。当问及村民在安全方面是否需要采取一些防护措施，一半村民表示安装了防盗门，一半村民表示不用任何防护措施，尤其在山里居住的村民表示居住环境非常安全等。且被访农户都对天黑之后是否敢走夜路的问题觉得莫名其妙，因为根本不用担心这个问题。

为了推进灯塔村民主法制建设，维护社会稳定，树立良好的民风、村风，创造安居乐业的社会环境，促进经济发展，建设生态文明村（社区），经全体村民讨论通过，制定本村村规民约，主要内容如表 2-5 所示。

表2-5 灯塔村村规民约

序号	内容
1	每个村民都要学法、知法、守法、自觉维护法律尊严，积极同一切违法犯罪行为做斗争。每季度由本组组长党员组织辖区群众学习一次法律知识
2	村民之间应团结友爱，和睦相处不打架斗殴，不酗酒滋事，严禁侮辱、诽谤他人，严禁造谣惑众、拨弄是非。轻者批评教育，情节严重的移交司法机关处理
3	自觉维护社会秩序和公共安全，不扰乱公共秩序，不阻碍国家机关工作人员执行公务；情节严重的直接送司法机关
4	爱护公共财产，不得损坏水利、道路交通、供电、通信、生产等公共设施；凡损坏者照价赔偿
5	严禁私自砍伐国家、集体或他人的林木；加强牲畜看管；严禁损害他人庄稼及牛羊等家畜，损害核桃园或其他苗木的，责令其恢复原状或作价赔偿
6	加强护林防火，不准随意带火种上山，不准乱扔烟头及其他火种，严禁毁林开荒，严禁在林区周边堆灰积肥；如不慎引起火灾者要追究当事人责任
7	家庭用火做到人离火灭，严禁将易燃易爆物品堆放户内，定期检查、排除各种火灾隐患
8	提倡喜事新办不铺张浪费；厚养薄葬，丧事从俭，破除陈规旧俗，反对铺张浪费、反对大操大办；禁止办升学宴、搬家宴、生日宴等，如发现情况属实者将取消相关优惠政策
9	自觉遵守计划生育法律、法规、政策，实行计划生育，提倡优生优育，严禁无计划生育或超生；如有违反者取消相关优惠政策
10	父母应尽抚养、教育未成年子女的义务，禁止歧视、虐待、遗弃女婴，破除生男才能传宗接代的陋习。子女应尽赡养老人的义务，不得歧视、虐待老人；如有发现情况属实屡教不改者，村委会将代为诉讼，并在全村通报
11	提倡艰苦奋斗、自力更生，积极摆脱贫困现状；反对好逸恶劳、等靠要思想，凡发现情况属实者全村通报
12	本《村规民约》有与国家法律、法规、政策相抵触的，按国家规定执行

注：本《村规民约》经灯塔村村民代表会议通过之日起实施。

第三章

易地扶贫搬迁：贫有所居、居有所安

第一节　白河县"易地扶贫搬迁"的前身
——"陕南避灾移民搬迁工程"

2011 年，施行"陕南避灾移民搬迁工程"以来，白河县政府和各级领导紧紧抓住陕南避灾扶贫搬迁这个最大的民生工程机遇，全盘谋划，统筹安排，既努力解决好当前贫困群众的安居问题，又为全县经济社会长远发展夯实基础，促进"三农"统筹和"四化"同步发展。白河县在陕南避灾移民搬迁计划之初，就编制完成了《白河县城乡一体化发展规划》，从总体上对全县人口分布、产业布局、资源配置和公共服务等进行整体规划。并依据这一规划，按照"避灾、扶贫、安居、发展"的总体要求，选择安全宜居、有发展潜力、人口规模较大、辐射带动能力强、配套设施具备一定基础的镇村作为移民搬迁主要安置点，制订了城镇建设和移民搬迁安置的"11135"专项规划，即打造1个宜居县城、11个重点集镇、35个社区新村，力争县城人口达到5万人、集镇5万人、社区5万人，基本形成"县城－集镇－社区新村"三位一体的城乡人口分布和建设格局。

一 政府主导，群众自愿

2010年7月18日，以安康为中心的陕南地区发生了特大暴雨洪灾和泥石流灾害，安康市有7个县区受灾严重，182人因灾死亡，11.8万人因灾房屋倒塌而无家可归，155万人因灾失去生产生活资料而返贫，灾害之广，受灾之重，历史罕见。时任省委书记赵乐际、省长赵正永在安康指挥救灾时，现场做出决策，决定用10年时间，将陕南三市居住在危险地段、生产生活困难群众实施移民搬迁。据此，陕西省政府、安康市政府、各县级政府对安康避灾扶贫搬迁工作进行了摸底和规划，认定全市有22.6万户88万农村人口居住在自然条件恶劣、生态环境脆弱、基础设施落后、公共服务欠缺的中高山偏远地区及灾害易发区，迫切需要通过移民搬迁来改善生产生活条件。白河县政府积极响应号召，编制完成了《白河县城乡一体化发展规划》，制定了城镇建设和移民搬迁安置"11135"专项规划和社区"12345"管理办法，引导农民群众进行规范、合理、有序的移民搬迁工程。

白河县移民搬迁实施形式主要是"政府主导，群众自愿"。按照县里统一规划，县里对各乡镇进行具体发展规划，具体案例如下。

案例1：仓上镇的天宝裴家社区

该社区最初是天宝裴家统筹城乡发展的试点项目，项目涵盖仓上镇天宝和裴家两个村，试点工作总体思路是：政府主导，企业参与，群众自愿。发展思路是：山下建社区，集中安置搬迁户，山上流转土地建园区，发展产业，移民就地变工人。具体操作是：县里本着吸引本土人回乡创业原则，县镇政府合作，做好天宝裴家社区基础设施建设、公共服务建设、搬迁选址、耕地林地规划等工作，吸引工商资本进入农村，有序流转农村土地。2010年8月，本着引导农村土地有序流转原则，白河县招商引资，引来了民营企业兴达集团，兴达集团董事长兼总经理刘和兴，便是天宝村原居民。该项目规划总投资3亿元，其中天宝现代农业示范园投资2.5亿元，裴家移民安置小区投资5000万元。2011年启动陕南避灾移民搬迁工程之后，县镇政府与兴达集团共同联手打造天宝裴家社区，山上土地流转给兴达集团的农户从天宝农业示范园搬迁至山下的集中安置点天宝裴家社区。社区的选址和规划工作，邀请了西北农林科技大学相关专家，对选址的安全、便利程度等进行实际考核，政府和企业帮农民选好址。农户的搬迁工作，本着农户自愿进行土地流转和自愿搬迁原则，对于有土地流转的农户可以一次性得到租金平均为 4.5 万元，县政府再给农户避灾移民搬迁补贴款 3.2 万元，农户基本上可以得到平均为 7.7 万元的一次性补贴，如果选择 120 平方米的安置房，再出 2 万~3 万元便可搬迁入住。对于已搬迁的农户，自愿转为兴达公司产业工人，经过培训后，在兴达集团进行就地就业。在政府主导下的招商引资，既解决了群众避灾移民搬迁问题，又解决了农民当地就业问题。实现了集中安置、有业安置、规范安置等相结合。

案例 2：西营镇的天逸社区

2010 年百年不遇的洪涝灾害，西营镇 168 户房屋倒塌。2011 年，本着白河县"11135"规划，西营镇领导积极响应"陕南避灾移民搬迁工程"的号召，县委书记和县长狠抓，县统筹办具体协调，西营镇确定了"一个集镇三个社区工程"，分别是一个集镇社区：西营集镇所属的天逸社区；三个村级社区：蔓营社区、栗元社区和朱家河社区。西营集镇社区，即天逸社区。县镇政府邀请蓝天设计院，进行实地勘察，选择镇最安全地带，确立了西营集镇的主要辐射位置，并做了整体规划，镇政府做好基础设施服务工作，积极吸纳工商资本，按照四统一原则，"统一规划、统一风格、统一质量、统一建筑管理"，一期统规自建形式，二期统规统建形式进行建设。

案例 3：西营镇的蔓营社区

蔓营村移民搬迁集中安置社区规划面积 400 亩，规划安置移民 400 户 2000 人，总投资 8000 万元。小区房屋建设实行统规自建形式，主要由村支书带头，镇政府协助，进行选址。房屋建设以灰瓦、白墙、格子窗为主要特点，基础设施工程通过整合水利、交通、电力、农业等部门项目资金，建设户用沼气、道路硬化、新修河堤等工程。为实现搬迁户就近就业，西营镇从西安引进本地外出务工女能手投资 1000 万元建设制衣企业。对村内 70 多名妇女进行劳力集中培训，解决农户搬迁后的就业问题。男性劳动力主要是外出打工或就地从事建筑业，女性劳动力主要在服装厂上班，蔓营社区做到了"搬得起、稳得住、能致富"。本社区由村支书带头搬迁、选址，镇政府协调，采取农户统规自建的形式，所有搬迁农户也都是本着自愿搬迁原则。

通过三个案例可以看出，白河县的移民搬迁，主要在政府主导下进行统一规划、统一建设、统一管理、统一服务等，从选址到建设，都是政府起主导作用。但在整个规划、建设过程中，政府及时和农户沟通、协调，遵从农户的基本意愿和想法，搬迁与不搬迁的决定也都是农户自行做出。

二 就业增收的产业支撑体系

产业支撑是城镇化的根本，也是"陕南避灾移民搬迁工程"的重要保障。没有产业的现代化，就没有新型城镇化，更没有城乡一体化。因此白河县本着积极发展相关产业，努力形成以产业集聚促进就业，以充分就业带动集中安置的原则，积极招商引资，一方面加快移民搬迁工程促进人口聚集；另一方面因地制宜发展产业，进行专业技术培训，带动农民就地变产业工人。主要做法有以下几个方面。

1. 加快发展现代农业

围绕"11135"城镇规划，白河县制订了"61122"现代农业发展规划，即为移民安置社区配套建设 6 个农业示范园、10 个龙头企业、10 个专业合作社和 20 个示范园，培养 2000 个职业农民，积极支持搬迁户创业兴业。目前，通过工商资本下农村，返乡能人创业、村组干部带头等方式发展现代农业，建设示范园 40 多个，组建各类产业合作组织 40 多个，发展壮大农业龙头企业 20 多家，带动了当地经济的发展，促进了农民增收。

案例：仓上镇天宝现代农业示范园

2010 年 8 月，本着引导农村土地有序流转原则，白河县招商引资，引来了民营企业兴达集团，该项目规划总投资 3 亿元，其中天宝现代农业示范园投资 2.5 亿元，裴家移民安置小区投资 5000 万元。农户的搬迁工作，本着农户自愿进行土地流转和自愿搬迁原则，土地流转租金一年 150 元，流转期限 30 年，户均流转土地 10 亩，农户可以一次性得到租金平均为 4.5 万元，县政府再给农户避灾移民搬迁补贴款 3.2 万元，农户基本上可以得到平均为 7.7 万元的一次性补贴，对于有土地流转的农户来说如果选择 120 平方米的安置房，再出 2 万~3 万元便可搬迁入住。对于已搬迁的农户，自愿转为兴达公司产业工人；经过培训后，青年劳动力主要在兴达建筑公司从事工程机械操作、成为泥瓦技工等；妇女和弱劳力主要在天宝农业示范园从事蔬菜种植、牲畜和乌鸡养殖、苗木培育、烤烟种植烘烤、田间作业等；有的从事中层管理工作；人均月收入在 1500~4000 元，有的家庭一年增收 10 万元以上。既解决了群众避灾移民搬迁问题，又解决了农民当地就业和增收问题。

2. 努力壮大工业企业和劳动密集型企业，实现农民就地就业和增收

白河县积极对外招商引资，大力发展劳动密集型企业。在安置点周边尽力建设工业项目和劳动密集型企业，促进搬迁后就地就近就业，解决农户搬迁后基本生活问题。目前，白河县大力建设两河工业园区，入驻的企业和项目有：俊达公司年产 1 万辆"圣宝"牌汽车和神达公司年产 3 万辆专用车项目、国美物流园区、金龙水泥公司、方宇化工公司等十多个企业和项目。在茅坪枣树社区、西营镇蔓营社区分别建设一个生产 100 万套的服饰加工项目和一个常年用工 200 余人的服装厂，在茅坪集镇建设年消耗黄姜 3 万吨的清洁生产项目，在仓上集镇周边建设木炭厂、纸杯厂、农庄社区等。如西营镇从西安引进本地外出

务工女能人投资 1000 万元建设服装厂。先对村内 70 多名妇女进行集中培训，一部分送到西安接受技术和管理培训，一线工人由县职校专门开设缝纫班进行操作培训，女性劳动力有了自己的职业，上班时间在服装厂工作，下班时间接送孩子、照顾老人，家庭事业两不误，收入也有了一定的增加，人均月增收 1500~3000 元。

3. 大力发展劳务产业

坚持"搬得起、稳得住、能致富"原则，强化"人人技能工程"，加大搬迁户劳动力技能培训力度，积极开展有组织的外出务工，稳定提升劳务经济。同时，有序开发社区管理服务等公益性岗位，扩大就业创业途径，保证搬迁户收入水平不下降，生活水平有提升。

三 创新管理机制，强化社区服务

移民搬迁进入城镇和农村社区后，与原住地联系日益薄弱。原籍地管理服务鞭长莫及，居住地管理服务有心无力，传统的村组服务管理模式已不能适应发展的需要。为加强对移民搬迁户的管理和服务，白河县积极探索创新管理机制。一是创新管理服务方式。按照与人口相关的服务和与土地相关权益分离的办法，将属于原户籍村委会承担的低保、新农合、养老保险、民政求助、劳动就业保障、计划生育服务与管理、区域环境卫生、社会治安等随人口走的管理与服务转移到居住社区，由社区居民委员会提供管理和服务。原户籍所在村继续承担退耕还林，种粮补贴，土地、林地确权登记和承包流转及征用、村集体经济组织收益等随土地走的服务工作。二是试点建设农村社区。在仓上镇裴家村，茅坪镇枣树村，西营镇蔓营村和西营集镇（新建村）先行试点，按照撤村设立镇管社区、分村设立镇管社区、撤组设立村管社区三种途径设立农村社区。按照政务与事务相分离的办法，积极构建以社区党组织为核心、社区居委会为主体、社区物业办为依托、社区群团和社会组织为配套的社区管理服务新格局。三是试行农村社区居住簿制度。从居住地房屋管理着手，积极推行以房定户、以房管人的新型社区管理服务模式，搬迁进集镇和社区的群众可以不转移户籍，由社区将所有居住人口纳入服务管理范围，建立社区居民登记台账，发放农村社区居住簿，以社区居住簿为依据，享受社区居委会承担的各项管理和服务，办理社区内的相关事务。四是积极发放"两证"。土地证使用证、房屋产权证是搬迁房屋财产属性的具体体现。发放"两证"既是搬迁户的需要，也是省市的要求。按照分类推进的办法，在农村自建房屋的搬迁户，由县国土局直接核发土地使用证。搬迁户自愿办理房屋产权证的，申请县房管所办理。搬迁进集镇和社区多层房屋安置的移民户，由县国土局按照集体土地或国有用地属性核发土地使用证，并由县房管所根据政策要求办理房屋产权证。

第二节 白河县"易地扶贫搬迁"的主要做法与经验 [①]

2011~2015 年,"陕南避灾移民搬迁工程"的实施给白河县"易地扶贫搬迁"提供了主要经验。为打赢脱贫攻坚战,2015 年以来,白河县"陕南避灾移民搬迁工程"统一变更为白河县"建档立卡贫困户易地扶贫搬迁"工作。

一 坚持规划引领,构建城乡一体的搬迁安置体系

为有效破解土地、空间资源受限和推进城镇化之间的矛盾,坚持全域规划理念,依据《白河县城乡一体化发展规划》,按照"避灾、脱贫、安居、发展"的总体要求,选择具备一定基础的镇村作为移民搬迁主要安置区,制订了移民搬迁安置"11135"专项规划。即建设 1 个宜居县城、11 个重点集镇、35 个新型农村社区。争取通过 5~10 年的努力,使县城、集镇和农村社区人口各占 1/3,构建起符合山区实际的搬迁安置体系,奠定新型城镇化的坚实基础。

二 实行兜底保障,力保贫困群众实现搬迁脱贫

贫困家庭既是移民搬迁的重点,也是搬迁的难点。为

① 衷心感谢白河县脱贫搬迁办陈兴波主任提供的材料支持。

此，白河县坚持把实施移民搬迁作为推进精准脱贫的重要举措，把解决安全住房作为贫困家庭脱贫的先决条件，优先保障每一个困难家庭都拥有安全住房。把居住在高山和交通不便、受地质灾害和洪涝灾害威胁、自身无法实现搬迁的困难群众作为搬迁安置的重点对象，由政府统一规划设计建设 50~70 平方米的房屋，实施"交钥匙"工程，分配给特困户免费居住，确保困难群众"居者有其屋"。在搬迁对象审定上，通过搬迁群众个人申请、村组签署意见、镇办实地查看、县上严格审核的方式进行，保证搬迁对象精准。对申请搬迁的特困户，由村民大会评定并张榜公示，无异议的纳入搬迁计划。目前，全县已建和在建的特困户安置点 74 个，已安置特困户 1973 户，在建的特困户安置房还将安置 1500 多户。同时，启动实施移民搬迁"一户一宅、占新腾旧"试点工作，2015 年以前搬迁的危居户对原有住宅自行拆除恢复成耕地的，按 2 万元 / 户的标准再增加补助，增强群众的搬迁意愿，增加搬迁群众收入。

三 强化产业支撑，拓宽搬迁群众就业增收门路

就业增收是实现"搬得出、稳得住、能致富"的根本支撑，白河县按照"建设一个社区、发展一户劳动密集型企业，建设一个现代农业园区、兴办一个规模养殖小区"的模式，推进"一区一策"，落实"一户一法"，实现搬迁群众特别是贫困群众有业安置、就业增收。一是培育发展现代农业。大规模农业人口转移为发展农业规模经营、工农融合互动创造

了条件，白河县积极引导工商企业、村组干部、返乡能人进入农村创业兴业，全县流转土地、山林5万余亩，兴办了3个省级、12个市级、30个县级现代农业示范园区，培育农民合作社、专业大户、家庭农场等新型经营主体200多个，探索出"集中安置建社区、土地流转建园区、农民就地变工人"的模式，解决搬迁户就近就业2000余人。二是大力发展新型工业。利用城镇人口迅速增加的有利时机，依托城镇和移民社区，大力开展招商引资，规划建设小微企业孵化园；建设的"两河"工业园区入园企业65户，新增就业岗位3000多个。初步建立起汽车装配、新型建材、医药化工、木瓜制品、服饰加工五大主导产业，有力支撑了移民搬迁。三是强化创业技能培训。2011年以来开展培训2万余人次，发放创业贴息贷款1.89亿元，扶持创业2000人，新增城镇就业7500人。"住在山下，就业增收在山上；住在城镇，就业增收在企业；住在社区，就业增收在工厂"的发展格局初步形成。

四 创新管理服务，引导搬迁群众向新型市民转变

有效的管理服务是解决搬迁群众"搬得放心、融得进去、住得舒心"的重要条件。为解决移民搬迁"人走地不走、人地分离"的管理服务难题，白河县按照"原籍管理地和林、社区服务房和人"的思路，积极探索创新农村新型社区管理服务模式，构建以党支部为核心、居委会为主体、物业服务为依托的"三位一体"管理服务机制，为搬迁群众提供养老、医疗、就业、培训、子女入学等全方位服务。推行

居住簿制度，实行分类管理，搬迁入住社区负责农村低保、新农合、养老保险、民政救助、劳动就业、计划生育、环境卫生、社会治安等管理服务，原户籍所在村负责退耕还林、种粮补贴、土地林地确权登记和承包流转及征用、村集体经济组织收益分配等管理服务。同时，整合县内各种培训资源和力量，以培育和践行社会主义核心价值观为主题，以推行村规民约（居民公约）和家规家训为载体，以文艺走进新农村为平台，深入开展"新农民、新社区、新技能、新风尚"大培训，举办各类健康向上的文体活动，组建社区志愿服务队，切实解决进城入镇群众生活生产方面的困难问题，着力营造健康乐群、文明和谐的良好氛围，真正使搬迁群众融入城镇新生活，实现由农民向市民转变。

五　加强组织领导，构建统筹协调的搬迁管理体系

一是健全工作机构。中共县委、县政府高度重视移民搬迁工作，整合归并了统筹城乡发展、农民进城、移民搬迁三块资源和职责，成立避灾脱贫移民搬迁领导小组，县委书记担任组长，县长任责任组长，设立办公室，分管副县长任办公室主任，设置正科级专职副主任，成立独立的工作机构，抽调一批得力干部，为搬迁工作提供了有力的组织保障。二是有效整合资源。坚持政府主导、项目支持、群众自愿、市场运作，积极引导民间资本投向移民搬迁领域，探索出了"工商企业下乡建设、外出老板返乡建设、村组干部带头建设"三种建设模式。按照"渠道不乱、用途不变"的原则，

统筹扶贫搬迁、生态移民、危房改造、道路交通、绿化造林、土地整理、灾后重建等各类项目资金，集中向贫困村和集中安置社区倾斜。县财政每年预算2000万元资金，专项用于基础设施和公共服务建设。近5年，全县累计筹集投入移民搬迁资金9亿元，占财政总支出的15.4%。其中，县级财政配套1.34亿元，占全县一般预算收入的32.39%。三是坚持规范管理。落实项目法人、招投标、工程监理、合同管理、终结审计"五制"管理，把按规划设计、按程序报批、按设计施工、按要求验收贯穿搬迁工程建设的全过程，充分发挥行政、中介、业主三方作用，确保移民搬迁工程建设质量合格。县上设立移民搬迁资金专户，统一存储、管理，保障资金安全。在搬迁信息管理上，建立完善县、镇、社区三级搬迁安置工作信息系统，将搬迁规划、搬迁对象、项目管理、资金使用等各个搬迁环节纳入信息系统管理，确保管理规范。

第三节　灯塔村"易地扶贫搬迁"的主要做法与成效

一　灯塔村"易地扶贫搬迁"安置方式选择

灯塔村易地扶贫搬迁依据白河县易地扶贫搬迁的安置

方式，即坚持集中安置为主，规范分散安置，对建档立卡中的特困户实行"交钥匙"工程兜底保障。按照白河县"11135"规划，仓上镇作为11个重点集镇之一，有3个集中安置点。"11135"规划体系提出有条件的建档立卡搬迁户必须到集镇、中心村集中安置，促进贫困户、非贫困户融合安置，或在已具规模的城镇社区进行续建安置，减少新开点建安置区。从搬迁地点可以看出，在152户建档立卡的搬迁户中，灯塔村72.37%的搬迁户集中安置在仓上镇的集中安置点，23.03%的搬迁户享受了"交钥匙"工程，4.61%的搬迁户选择了中心村集中安置。可见，共有76.98%的村民选择集中安置。集中安置是白河县最主要的安置方式，也是灯塔村最主要的安置方式，灯塔村的建档立卡搬迁户主要集中在仓上镇三个集中安置点：红花、月亮湾和文家湾。3个集中安置点均符合"四避开""四靠近""四达到"的要求，即避开地质灾害易发区、洪涝灾害威胁区、生态保护区和永久基本农田；靠近城镇、园区、中心村和农村新型社区；达到房产能升值、增收有保障、基础配套好、公共服务好。

灯塔村"交钥匙"工程主要是针对建档立卡贫困户中的"五保户"，先由建档立卡贫困户向仓上镇政府提出"交钥匙"工程申请，审批后仓上镇政府与村集体进行安全选址，组织统规统建后进行集中安置，"交钥匙"工程的房屋应为砖混结构，必须达到搬迁户开门即入住的标准，贫困户安置房人均建筑面积不超过25平方米，户型以60平方米、80平方米、100平方米为主，最大不超过

120平方米。自2011年实施"陕南避灾移民搬迁工程"以来，灯塔村只有一户选择了分散安置，分散安置主要是针对离土谋生能力差、不具备集中安置条件的贫困户，由建档立卡贫困户向仓上镇政府提出申请，审批后可通过插花安置、梯次搬迁等方式进行分散安置。分散安置必须在有一定聚集发展潜力的通村水泥路边、有水电的地方新建或购买安全质量有保障的房屋，严禁在偏僻的不安全的原址拆旧建新或购买旧房（见图3-1）。

图3-1　灯塔村建档立卡贫困户搬迁前居住环境

（秦新苗拍摄，2016年12月）

在灯塔村203户贫困户中，有175户的住房是土木结构，28户的住房是砖混结构（见表3-1），土木结构住房的安全性、基础设施均比较差。203户建档立卡户中152户享受了"易地扶贫搬迁"政策，在2016年完成了搬迁；其他51户，部分贫困户已经享受了"陕南避灾移民搬迁工程"安置房，部分有安全住房。可见，"两不愁、三保障"中的安全住房是灯塔村贫困的关键因素。

表3-1 2016年灯塔村建档立卡户（动态调整前）易地扶贫搬迁情况

单位：户、人

组别	贫困户数	贫困户人数	住房情况		贫困类别			搬迁情况	搬迁地点			
			土木	砖混	一般	低保户	五保户	搬迁户数	县城	集镇	中心村	本村交钥匙
一组	21	67	20	1	17	2	2	15	0	15	0	0
二组	16	53	15	1	14	0	2	11	0	11	0	0
三组	17	57	13	4	15	2	0	17	0	14	0	3
四组	20	69	18	2	17	1	2	13	0	8	2	3
五组	19	59	16	3	16	1	2	12	0	5	5	2
六组	20	60	18	2	17	2	1	16	0	11	0	5
七组	26	60	23	3	19	2	5	21	0	14	0	7
八组	16	45	15	1	10	2	4	13	0	9	0	4
九组	15	36	8	7	7	2	6	8	0	7	0	1
十组	33	79	29	4	25	0	8	26	0	16	0	10
合计	203	585	175	28	157	14	32	152	0	110	7	35

资料来源：仓上镇政府。

灯塔村自然条件恶劣，村民搬迁的根本目的是解决一方水土不能养一方人的现实问题，经过开发式扶贫、"陕南避灾移民搬迁工程"、"易地扶贫搬迁"等搬迁政策，2016年灯塔村所有居民基本达到拥有安全住房的要求（见图3-2）。

图3-2　灯塔村建档立卡贫困户搬迁后居住环境

（秦新苗拍摄，2017年7月、2017年11月）

1. 灯塔村"易地扶贫搬迁"补助标准

2015年之前，白河县主要实施的是"陕南避灾移民搬迁工程"，该工程对所有搬迁户一视同仁，实施同样的补贴标准，即3.2万元搬迁补助，0.5万元上楼补助，1.3万元宅基地腾退补助，共5万元。不腾退宅基地的搬迁户，只能得到3.7万元的搬迁补助。

2016年以来，"陕南避灾移民搬迁工程"变更为"易地扶贫搬迁"，"易地扶贫搬迁"只有建档立卡且没有享受过"陕南避灾移民搬迁工程"的搬迁户可以享受补助。补助坚持同类对象相同标准的原则，只允许享受一次性补助。第一，建档立卡贫困户集中安置按每人 2.5 万元（国家补贴 0.8 万元 / 人，地方财政补贴 1.7 万元 / 人）的标准补助，该补助由县搬迁办负责核查拨付；旧宅基地腾退验收合格后再给予奖励每人 1 万元，该奖励由县国土资源局负责核查拨付。分散安置按每人 1.5 万元的标准补助，旧宅基地腾退后再予奖励每人 1 万元。资金按相应标准和人头兑付到户。第二，建档立卡中的"五保户"或丧失劳动力到敬老院、"两院合一"①集中供养的建房补助捆绑到敬老院项目共同建设，按入住人口分户建立搬迁档案。旧宅基地腾退奖补资金待旧房拆除验收合格后兑付。

从补助实际执行情况看，2011~2015 年享受"陕南避灾移民搬迁工程"的搬迁户，只有 10 户拆除了宅基地，享受了 5 万元 / 户的补贴，其他搬迁户均保留了原址宅基地，仅享受了 3.7 万元 / 户的补贴。2016 年之后，政府改变了思路，陆续发放了所有搬迁户的宅基地腾退补贴。2016 年 6 月之后的搬迁户，享受的均是"易地扶贫搬迁"的补贴标准，即按 2.5 万元 / 人计算贫困户的补贴金额，旧宅基地腾退验收合格后再给予奖励每人 1 万元的补助。从补贴兑现情况看，所有搬迁户均享受了 2.5 万元 / 人的补助，但没有一户在搬迁后拆除了老宅，因此，每人 1 万元的宅基地腾退补助一直没有兑付。

2. 灯塔村"易地扶贫搬迁"宅基地腾退情况

实施"移民搬迁"后，白河县政府一直鼓励搬迁户

① 两院合一指的是"五保户"敬老院和贫困户兜底院合二为一。

对宅基地进行有偿腾退，腾退后政府给予一定资金补助，一是可以对宅基地进行复耕；二是可以防止搬迁户回流现象；三是方便搬迁后社区管理、公共服务等。宅基地腾退的主要做法：建档立卡贫困户搬迁后一年内拆除旧房，拆除验收合格按 1 万元／人标准给予补助奖励。认定程序为：建档立卡搬迁户提交书面申请，自行将原房屋拆除（镇或村组织工程队专业拆除，费用从该户奖补资金中支出）恢复成耕地，将宅基地土地使用证上缴注销，提供旧房拆除前后照片，由镇政府审核验收后，报县国土局核定，由县搬迁办按相应兑付标准拨付到镇，镇政府负责具体兑付工作。

从灯塔村宅基地腾退情况看，村民对搬迁工作非常积极，对宅基地腾退工作表现得非常不积极。2011~2015 年灯塔村宅基地腾退的标准是将房屋拆除后复耕，四年期间，灯塔村只有 10 户左右的搬迁户腾退了宅基地。这 10户属于经常外出打工户，山上房子缺少修理，已经无法入住或已经倒塌。可见，搬迁户即使搬迁到集镇后，仍然不想放弃山上宅基地。主要原因有三：一是大部分农户家庭中的老年人多年习惯了山上生活，不习惯楼房生活，又重新搬回山上的宅基地原址居住；二是农民一直将土地作为命根子，很多农民不愿意放弃在原址拥有宅基地的权利；三是搬迁后的农民仍然在宅基地原址种粮、种菜、饲养牲畜等，将原宅基地作为农耕期间暂住地，或作为储存粮食和蔬菜等食物的仓库。鉴于搬迁户腾退宅基地非常不积极的现状，2016 年以来镇政府改变了宅基地腾退思路，将房屋必须拆除后复耕的要求变更为不再批复新的宅基地，山上的房屋可以作为生产用房、粮食和蔬菜等食物储存用房。鉴于此，2016 年以来搬迁的农户，政府不再强制要求拆除旧房，只要满足不再批复新的宅基地政府即可发放宅基地腾退补助，同时政府正在陆续发放 2011 年至 2015 年搬迁户的宅基地腾退补助。灯塔村部分村民搬迁后享受政府补助情况，如表 3-2 所示。

表 3-2　灯塔村部分村民搬迁后享受政府补助情况

单位：人，万元

序号	家庭人口	移民归属年度	实际搬迁年度	享受政府补助	其中			安置形式
					搬迁补助	上楼补助	腾宅补助	
1	2	2011	2012	3.7	3.2	0.5	0	集中
2	5	2011	2011	3.7	3.2	0.5	0	集中
3	5	2012	2013	3.7	3.2	0.5	0	集中
4	5	2012	2012	3.7	3.2	0.5	0	集中
5	4	2013	2012	3.7	3.2	0.5	0	集中
6	4	2013	2013	3.7	3.2	0.5	0	集中
7	4	2014	2014	3.7	3.2	0.5	0	集中
8	4	2016	2015	5	3.2	0.5	1.3	集中
9	6	2016	2015	5	3.2	0.5	1.3	集中
10	4	2016	2015	5	3.2	0.5	1.3	集中
11	6	2016	2015	5	3.2	0.5	1.3	集中
12	6	2016	2015	5	3.2	0.5	1.3	集中

资料来源：灯塔村委会。

3.灯塔村居民居住情况

（1）灯塔村居民对住房状况的满意度

从调查样本看，60 户抽样样本中，71.7% 的村民对目前住房状况比较满意（占 46.7%）或非常满意（25%），11.7% 的村民认为目前住房状况一般，3.3% 的村民认为不太满意，13.3% 的村民非常不满意（见表 3-3）。

从建档立卡的 30 户贫困户抽样调查结果看，26.67% 的村民对目前的住房状况非常满意，53.33% 的村民对目前的住房状况比较满意，13.33% 的村民认为目前的住房状况一般，3.33% 的村民（仅有 1 户）认为目前的住房状况不太满意，3.33% 的村民（仅有 1 户）认为目前的住房状况非常不满意。

从 30 户非贫困户抽样调查结果看，23.33% 的村民对目前的住房状况非常满意，40% 的村民对目前的住房状况比较满意，10% 的村民认为目前的住房状况一般，3.33% 的村民（仅有 1 户）认为目前的住房状况不太满意，23.33% 的村民（7 户）认为目前的住房状况非常不满意。

表 3-3　灯塔村居民对住房状况满意度的评价结果

单位：户

类别	非常满意	比较满意	一般	不太满意	非常不满意
样本总体（60）	15	28	7	2	8
贫困户（30）	8	16	4	1	1
非贫困户（30）	7	12	3	1	7

（2）灯塔村居民住房类型

60 户抽样调查样本中，25% 的村民住在平房，其中包含 5 户贫困户，10 户非贫困户。75% 的村民住楼房。83.33% 的住房状况为一般或良好，15% 的住房状况政府没有认定但居民认为属于危房，1.66%（仅 1 户）的住房政府认定为危房。从建档立卡的 30 户贫困户抽样调查看，只有 1 户住在政府认定的危房里，2 户住在政府没有认定但居民认为属于危房的房屋中，其他 27 户贫困户的住房状况均为一般或良好。从 30 户非贫困户的调查结果看，7 户住在政府没有认定但居民认为属于危房的房屋中，其他 23 户认为住房状况一般或良好。

调查户中，15% 的住房的建筑材料是猪草土坯，6.67% 的住房的建筑材料是砖瓦砖木，36.67% 的住房的建筑材料是砖混材料，41.67% 的住房的建筑材料是钢筋混凝土。30 户建档立卡贫困户中，仅有 10%（3 户）的房屋为猪草土坯建筑材料，80% 的贫困户的房屋均为砖混材料或钢筋混凝土构造。非建档立卡贫困户中，有 20%（6 户）住在猪草土坯建筑材料的房屋里，77% 的非贫困户的房屋均为砖混材料或钢筋混凝土构造。

（3）灯塔村居民居住环境

60 户抽样调查样本中，25% 的样本户无沐浴设备，75% 的样本户有电热水器、太阳能等沐浴设备。30 户贫困户中，11 户无沐浴设备；30 户非贫困户中，仅有 4 户无沐浴设备。60 户抽样样本中，只有 19 户家庭装有宽带设备，其中包含 6 户贫困户。可见，贫困户与非贫困户在生活品质上存在一定差异。

从基础设施看，精准扶贫以来，深度贫困地区的水、电、路、垃圾处理等工作落实的比较到位。如 60 户抽样调查样本中，离居住地最近的硬化公路距离均在 200 米以内；从入户路类型看，90% 的村民入户路均为水泥或柏油路；95% 以上的村民主要饮用水源为经过净化处理的自来水或受保护的井水和泉水，且有管道可以直接供水入户；78% 的村民厕所类型都是卫生厕所；83% 的村民生活垃圾送到垃圾池或定点堆放，等等。

二　对灯塔村"易地扶贫搬迁"工作的思考

1. 灯塔村易地扶贫搬迁存在的主要问题

（1）政策变化引起群众不满

由于政策变化，补助标准也发生一定变化，这些均引起群众不同程度的不满与意见。如白河县由 2011~2015 年的"陕南避灾移民搬迁工程"变更为"易地扶贫搬迁"工作后，补助标准和要求均发生了显著变化。一是对宅基地腾退的要求变松。2015 年之前，政府要求必须拆除旧房复耕后才给腾退补贴，实施过程中，腾退宅基地的搬迁户非常少；后期政府放松了拆除旧房的要求，要求只要搬迁户将旧房作为收获、储藏等用途，且不再要求村集体批复新的宅基地即可拿到宅基地腾退补贴。这种政策的前后变化引起已经拆除旧房群众的不满。二是"陕南避灾移民搬迁工程"是针对所有村民。只要村民符合搬迁要求，所有村民都可以申请进行集中搬迁或分散搬迁。2016 年 6 月实施"易地扶贫搬迁"后，只对建档立卡贫困户进行搬迁，政策的绝对化在地质灾害多发的深度贫困地区有失偏颇。据灯塔村统计，村内仍有相当部分未建档立卡的村民仍未解决住房安全的问题，这部分非贫困户也有搬迁的需求。但由于缺乏资金和政府不提供搬迁政策，这部分村民面临"搬迁困境"。三是前后补贴标准也发生较大变化。"陕南避灾移民搬迁工程"补贴标准为腾退宅基地后补贴 5 万元 / 户，不腾退宅基地补贴 3.7 万元 / 户；"易地扶贫搬迁"的补贴标准为 2.5 万元 / 人，腾退宅基地为 1 万元 / 人。可见，"易地扶贫搬迁"针对建档立卡户的补贴标准较之前有很多变化，人口越多的贫困户能够享受的补助越多。这也引起已经享受过"陕南避灾移民搬迁工程"的部分贫困户的不满。同时，"易地扶贫搬迁"只考虑贫困户，对于部分处于脆弱边界的非贫困户，又带来新的"搬迁问题"。

（2）搬迁回流问题

贫困户中的部分人群是留在山里的老龄化人群，通过"易地扶贫搬迁"工作解决了住房安全的问题，但老人生活在集镇没有生活来源，且不适应集镇的生活，出现了一大批回流现象。回流的原因有如下三点：一是集镇发展的大部分产业不适宜老龄化人口就业，在集镇没有生活来源；二是灯塔村发展的扶贫产业都集聚在原村，村民生活在山里就业比较便利；三是老人赖以生存的土地在山里，旧址的房前屋后可以种植粮食、蔬菜等来满足基本的食物消费需求。因此，老龄化的搬迁户回流现象严重，宅基地腾退也遇到难题。

（3）贫困户与非贫困户"两户分化"局面

从灯塔村居民对住房状况满意度的评价、住房类型的评价和居住环境的评价等方面可以看出，贫困户对各项政策的享受比例较大，满意度较高。总体看，非贫困户对各项政策的满意度也比较高，但各项评价的不满意人群主要来自非贫困户。尤其是介于贫困户与非贫困户之间的脆弱群体，这部分群体被界定为贫困户后可以享受各种脱贫政策，搬迁补助高、选择范围大、资金和收入来源比较广泛，脱贫也比较快。如果这部分群体被界定为非贫困户，该群体没有太多的收入来源和太大的个人能力，可以视为被政府忽略的人群，就会出现贫困户与非贫困户"两户分化"局面。从沐浴条件、网络设备等方面来对生活品质进行考察，贫困户的生活品质较低，贫困户与非贫困户在生活品质上也存在明显的"两户分化"局面。

2. 灯塔村易地扶贫搬迁的对策建议

（1）注重政策制定的长期性、稳定性和可持续性

脱贫攻坚是一项浩大工程，不管是"移民搬迁"还是"易地扶贫搬迁"都是造福白河县人民的前瞻性、长期性工程。在制定补贴政策、移民搬迁政策时，应通过充分考察、调研，完善政策制定和执行机制，注重政策制定的可操作性、长期性、稳定性和可持续性。既要给政府留有余地，也要给农民一定的迂回空间。如土地作为农民赖以生存的"命根子"，考虑到老龄化人口的就业和生存问题，可以鼓励老龄化群体继续从事农业生产；如搬迁户回流问题比较严重，政府应重视回流后房屋的居住问题，确保回流人口居住安全；如前后补贴政策有变化，可以考虑给予一定的补充或解释，以缓解群众的不满情绪，注重未来政策的连续性和稳定性。

（2）重视搬迁地基础设施和公共服务建设，强化产业

支撑体系

党的十九大报告提出："实施乡村振兴战略，坚持农业农村优先发展，按照产业兴旺、生态宜居、乡风文明、治理有效、生活富裕的总要求，建立健全城乡融合发展体制机制和政策体系，加快推进农业农村现代化。"易地搬迁是自然条件恶劣的深度贫困地区实现农业农村优先发展、城乡融合发展的根本措施，也是深度贫困地区实施乡村振兴战略的前提条件。搬迁地的水、电、路、网等基础设施，教育、医疗等公共服务必须配套完善，才能让搬迁居民"稳得住"。搬迁地必须有完善的产业支撑体系，才能让搬迁居民"能致富"。因此，产业支撑是深度贫困地区实施脱贫攻坚战略和实施乡村振兴战略的重要抓手。应依托搬迁地优势特色产业发展现代农业，培养具备现代化科技和智慧的新型农业经营主体、服务主体或新型职业农民，推动有头脑、懂技术、会经营的城镇人口或农村人口回镇返乡创业，将先进的发展思路和技术带回农村，振兴农村，发展农业，全面富裕农民。应依托搬迁地地理优势、人才优势、土地和劳动力等优势发展工业和服务业，通过健全土地、劳动力、税收、厂房等优惠政策吸引具有实力的大中型企业。

（3）应对深度贫困地区的脆弱群体进行帮扶

在深度贫困地区，使用贫困户的绝对概念和标准有失偏颇。应使用相对贫困概念，帮扶辐射范围应该更广，对介于贫困户与非贫困户之间的未被纳入贫困户的脆弱群体政府应予以重视，给予适当的帮扶和支持。以免脱贫效果不佳，返贫比例增长的不良后果。

（4）从根本上改变贫困户落后的生活方式与生活态度，逐步提高贫困户生活品质

在移民搬迁基础上，做好水、电、路、网等基础设施建设，通过宣传教育、引导示范等提高所有村民的物质文明和精神文明，注重贫困户生活品质的提高，将易地搬迁、城乡融合发展、美丽乡村建设、乡村文明建设等相结合，向共同迈进小康社会的目标奋斗。争取深度贫困地区不止物质脱贫，精神、文明、生活品质等方面均达到全面小康的标准和要求。

第四章

产业扶贫

第一节 白河县产业扶贫政策

按照白河县"八个一批"脱贫要求，为加快推进白河县产业扶贫建设步伐，全面完成产业扶贫工作任务，实现贫困人口持续增收，白河县历年均颁布《白河县产业扶贫推进方案》。

《白河县 2017 年产业扶贫推进方案》中的主要目标任务是：围绕"木瓜、茶叶、核桃、畜牧、魔芋"五大主导产业，因地制宜发展设施蔬菜、油用牡丹、中药材、油葵、白山羊、特色养殖及林下经济等优势特色产业，坚持以短养长，长、中、短相结合，以实施产业项目为抓手，以贫困村、贫困户增收脱贫为目标，进一步厘清思路、细化措施、强化责任，充分挖掘产业建设增收致富潜力，做到

"基本情况、产业发展、帮扶措施、技术服务"到户四个精准。坚持点面结合，在抓好全县113个村的建档立卡贫困户的基础上，重点向74个贫困村倾斜。力争实现每个有劳动能力的贫困人口掌握1~2项农业实用技术，每个有条件的贫困家庭至少参与1项在种植、养殖、农产品加工、电子商务、休闲农业和乡村旅游等方面的增收项目，增收产业收入占农村居民可支配收入40%以上；每个贫困村形成1个以上特色产业，建成一村一品专业村的工作目标。

《白河县2017年产业扶贫推进方案》中的基本原则：一是坚持政府引导全员参与的原则；二是坚持带动贫困人口增收的原则；三是坚持市场导向合作共赢的原则；四是坚持可持续稳定增收的原则。主要方法措施：一是加快现代农业示范体系建设；二是培育壮大新型农业经营主体；三是培育优势特色富硒农业产业；四是建立农业产业扶贫带动体系；五是科学规范使用产业扶贫资金。同时白河县配套了组织领导、精准帮扶指导、争取项目资金、加强技术指导、落实包抓责任、建立激励机制、加大宣传力度和完善督查机制等组织保障措施。

第二节　灯塔村产业扶贫支持政策

镇政府和村集体在发展产业脱贫模式中主要发挥了如

下作用：一是缓解了合作社融资困难问题；二是通过贫困户产权入股，增强贫困户责任意识，在用工过程中可以解决农业生产的监督和激励问题；三是通过贫困户入股，破解合作社土地流转难题；四是通过产权入股，可以为村集体经济和贫困户带来可持续性发展动力；五是入股的贫困户是动态的，每年年底村上召开村民代表大会评议入股分红贫困户名单，有利于贫困户的动态发展和动态调整；六是通过支持产业发展，激发本村能人和社会资本创业热情，促进贫困村产业兴旺；七是通过坚持基础建设项目与产业发展同行原则，使得基础设施建设目标性更加明确、精准性更强。近 3 年来，在县镇政府领导下，为灯塔村投入资金 1350 多万元，修建硬化道路 4 条 15.8 公里，架桥梁 2 座，建设饮水和灌溉工程 3 处，有力地促进了产业发展，也方便了群众进行农业生产和生活。

一 产业脱贫和自主脱贫奖补办法

在仓上镇党委领导下，灯塔村创新产业发展资金使用机制，坚持以奖代补、勤劳多奖、脱贫重奖。按照市、县产业扶持政策，结合灯塔村实际情况，引导贫困群众自下而上，发挥主动增收和脱贫意识。按照《白河县 2017 年产业扶贫推进方案》精神，为了培育和壮大农村产业，逐步形成全镇一村一两品、一户一两业的增收脱贫致富格局，仓上镇依据《陕西省农业产业脱贫引导资金实施指导意见》中省、市、县关于产业精准扶贫相关要求，结合镇的实际情况和资金，制定了仓上镇 2017 年度产业扶贫和自主脱贫奖补办法。灯塔村的产业扶贫和自主脱贫奖补政策就是依据该办法制定的（见专栏 4-1）。

专栏 4-1

仓上镇 2017 年度产业扶贫和自主脱贫奖补办法

为了培育和壮大农村产业，逐步形成一村一社一产业的增收脱贫致富格局，按照中央、省、市、县扶贫政策，结合镇情实际，制定奖补办法。

一、奖补对象

建档立卡户：（1）2017 年当年脱贫户；（2）非当年脱贫户（已脱贫户、在册贫困户）。

二、资金来源

县拨付的产业奖补资金。

三、适用期限

自执行之日起至 2017 年 11 月 30 日止。

四、奖补办法

（一）产业奖补

（1）主导产业：把香椿、生猪（能繁母猪）、肉牛、甘蔗作为仓上镇主导产业推进。各村可按本村实际，选择 1~2 项，作为本村一村一品。

①规模奖补：发展香椿育苗的按照当年销售收入的 10% 奖补；退耕还林香椿的享受退耕还林补助政策，并按照 100 元/亩补助肥料款。以户为单位，最高奖补资金不超过 1000 元。

发展生猪（能繁母猪）200元/头、肉牛（6月龄以上）400元/头、甘蔗400元/亩进行奖补。以户为单位，最高奖补资金不超过800元（生猪、肉牛数量按已存栏＋当年出栏数计）。

②合作奖补：选择发展主导产业的，按照支部＋X＋贫困户模式。加入1个及1个以上X合作发展的，奖补200元（X指园区、合作社、公司等，运营方式指合作或订单等）。

（2）其他产业：把牡丹、核桃、山羊、魔芋、烤烟等其他产业作为补充产业推进。鼓励贫困户从事餐饮、零售等三产服务业。以户为单位，当年实现人均纯收入3500元以上，奖补500元。

（3）劳务输出：把劳务输出作为在册贫困户重要增收措施。2017年当年脱贫户劳务实现人均纯收入3500元以上，按照务工收入的5%给予奖励。以户为单位，最高奖补资金不超过1000元。

（4）定向就业：参加远元修脚培训并在远元公司连续工作3个月（含）以上，按照每人1000元给予奖补。

（二）当年脱贫奖补

当年实现人均纯收入达3500元以上，且已解决"两不愁、三保障"的在册贫困户，主动申请脱贫的奖补1000元。

五、奖补程序

农户须先行向驻村工作队申报发展产业种类、规模、预计收入情况；工作队检查完成情况，达到奖补条件贫困户的申请，工作队组织验收公示后兑现奖补资金。申报时间截至2017年8月31日，申请奖补时间截至2017年11

月 30 日。逾期不再接受审核、验收和兑现。

六、相关要求

（1）市场主体奖补政策和到户奖补政策不可重复享受。

（2）发展主导产业的，只能选择主导产业中一个品种申请产业奖补；主导产业和其他产业奖补，不可重复享受。

（3）贫困户通过弄虚作假套取奖补的，追回奖补并追究责任。

（4）各村加强扶持资金的管理使用，严把验收兑付关口。

（5）奖补资金按申请验收先后顺序给予兑付。

（6）在家发展产业的农户根据产业规模可以申请最高3 万元贴息贷款用于发展产业，不得改变贷款用途。

（7）种养殖业纯收入 = 总收入 ×30%，劳务纯收入按实际收入计算。

本办法自印发之日起执行，未尽事宜由仓上镇脱贫攻坚团讨论后决定。

二 产业扶贫贴息贷款

2016 年以来，白河县在灯塔村累计发放产业扶贫贴息贷款 149 万元（面向贫困户），覆盖贫困户 30 户。贫困户用贷款资金饲养牛、羊、猪、鸡等家畜或种植油葵、魔芋、玉米等农作物（见表 4-1）。产业扶贫贴息贷款极大地满足了贫困户生产经营所需，解决了因禀赋欠缺带来的贫困问题。同时，为扶持灯塔村"一村一品一产业"建设，激发新型农业经营主体带动贫困户脱贫的积极性和主动性，2016年，仓上镇为灯塔村脱贫攻坚做出重要贡献的每户农业企业注入产业贴息贷款20万元（见表4-2）。

表4-1　2016年灯塔村贫困户产业扶贫贴息贷款情况

单位：万元，%

贷款人序号	项目建设内容及规模	贷款金额	贷款时间	结息时间	贴息利率
1	小卖部经营	5	2016-10-8	2017-3-31	6.84
2	鸡30只、油葵5亩、猪2头、玉米5亩	5	2016-10-8	2017-3-31	6.84
3	牛8头、猪1头	5	2016-10-9	2017-3-31	6.84
4	养羊18只、猪1头	5	2016-10-9	2017-3-31	6.84
5	发展养牛、养羊，目前种植魔芋4亩	4	2016-10-10	2017-3-31	6.84
6	家电维修	5	2016-10-18	2017-3-31	6.84
7	种养殖	5	2016-10-24	2017-3-31	6.84
8	种养殖	5	2016-10-24	2017-3-31	6.84
9	养殖能繁母猪2头	5	2016-10-25	2017-3-31	6.84
10	核桃5亩、猪1头	5	2016-11-2	2017-3-31	6.84
11	魔芋2亩、养猪2头	5	2016-11-3	2017-3-31	6.84
12	牛4头、羊6只	5	2016-11-3	2017-3-31	6.84
13	猪2头、牛10头	5	2016-11-4	2017-3-31	6.84
14	养殖发展	5	2016-11-4	2017-3-31	6.84
15	猪2头、鸡20只、魔芋3亩	5	2016-11-5	2017-3-31	6.84
16	猪2头、鸡30只	5	2016-11-8	2017-3-31	6.84
17	核桃8亩	5	2016-11-8	2017-3-31	6.84
18	鸡10只、猪1头、核桃8亩	5	2016-11-8	2017-3-31	6.84
19	核桃10亩、猪3头、蚕5张	5	2016-11-9	2017-3-31	6.84
20	养猪5头	5	2016-11-9	2017-3-31	6.84

贷款人序号	项目建设内容及规模	贷款金额	贷款时间	结息时间	贴息利率
21	猪3头、鸡30只	5	2016-11-10	2017-3-31	6.84
22	猪2头、鸡20只、农作物3亩	5	2016-11-11	2017-3-31	6.84
23	家庭经营	5	2016-11-11	2017-3-31	6.84
24	魔芋5亩、养猪2头	5	2016-11-14	2017-3-31	6.84
25	猪2头、核桃6亩	5	2016-11-14	2017-3-31	6.84
26	魔芋5亩、黄姜3亩	5	2016-11-14	2017-3-31	6.84
27	猪8头、鸡20只、猪1头	5	2016-11-15	2017-3-31	6.84
28	羊20只、猪2头	5	2016-11-15	2017-3-31	6.84
29	林下养殖	5	2016-11-18	2017-3-31	6.84
30	家庭经营	5	2016-11-30	2017-3-31	6.84

资料来源：灯塔村委会。

表4-2 2016年灯塔村新型农业经营主体产业贴息贷款情况

申报单位名称	建设内容及规模	贷款金额（万元）	贷款时间	结息时间	结息天数	贷款利率（%）	贴息利率（%）	贴息金额（元）
白河县绿佳农业综合开发有限公司	高山蔬菜种植,已有大棚7个,占地面积68亩	20	2016-9-1	2017-4-30	242	6	5	8066.67
白河县绿佳农业综合开发有限公司	高山蔬菜种植,已有大棚7个,占地面积68亩	20	2016-8-11	2017-4-30	263	6	5	8766.67
白河县绿康农业综合开发有限责任公司	高山蔬菜种植,已有大棚11个	20	2016-8-11	2017-4-30	263	6	5	8766.67
白河县家家欢种养殖农民专业合作社	能繁母猪20头、圈舍4栋	20	2016-4-28	2017-4-30	368	6	5	12266.67

资料来源：仓上镇政府。

第三节 灯塔村产业扶贫发展现状

为解决产业发展资金问题，2017年仓上镇共发放产业奖补1103户155.9万元。同时，仓上镇通过产业贴息贷款政策，加大对发展产业脱贫类贫困户的支持，按照"5321"政策[①]，累计发放扶贫产业贴息贷款497户1891万元。为提高劳务产业质量，仓上镇对贫困劳动力技能培训进行全覆盖，既培训核桃、牡丹种植等农业技术，又培训厨艺、建筑等务工技能，2017年仓上镇顺利完成1250人次技能培训任务。借助县政府与远元集团签订定向培训输出修脚师合作协议的机会，仓上镇向外成功输出修脚师110名，月工资都在4000元以上。产业的蓬勃兴起，促进了新型农业经营主体的发展。2016年以来，仓上镇累计发展农业公司12家，家庭农场10家，产业大户30多户。全镇一村一两品、一户一两业的产业格局逐步形成。

灯塔村作为仓上镇重点脱贫村（由于灯塔村属于深度贫困区，2016年灯塔村全村脱贫后又被返贫，目前仍属于贫困村），在县镇政府支持鼓励下，已经形成了"一村一两品""一户一两业"的产业发展布局，主要产业脱贫模式有三种。第一种是"公司（合作社）+贫困户"的产业脱贫模式，即通过鼓励工商企业下乡、外出能人返乡、村组干部带头建设等，本村贫困户以土地、劳动力、资本技

---

① "5321"金融扶贫政策指：对有创业能力和创业意愿的贫困户每户发放5万元贷款，期限为3年，免担保、免抵押，资金一次性到位。

术等生产要素入社，提升产业效益，增加贫困户收入。第二种是"支部+X+贫困户"模式，即以灯塔村村党支部为核心，以特色产业链和专业合作社为纽带，推行"支部＋合作社＋贫困户"模式，建立"支部引领、企业担责、贫困户受益"的利益联结机制，实现稳定增收脱贫。通过"三变"改革，带动发展村级集体经济，以园区引领型、企业带动型、合作社共建型、贫困户自主开发型等新形态，探索"返租让利"的模式，形成多种组合方式的利益联结机制，把贫困群众嵌入产业链中让贫困户获得可持续收益。第三种是"一户一两业"模式，即在全村大部分劳动力外出务工，土地大量闲置撂荒的背景下，鼓励村内留守贫困户按照本村产业特色应种尽种，激发贫困户主动脱贫意识，增加收入渠道。

一 灯塔村"公司（合作社）＋贫困户"的产业脱贫模式

在仓上镇党委领导下，灯塔村坚持以市场需求为导向，以增加收入为目标，按照"公司（合作社）＋贫困户"的模式，围绕脱贫攻坚狠抓特色产业建设，使灯塔村群众增收有了基础，脱贫致富有了保障。3年以来，灯塔村共计培育新型农业经营主体四家，分别是白河县启航农业发展有限责任公司（灯塔养殖合作社）、白河县绿康农业综合开发有限责任公司、白河县绿佳农业综合开发有限公司、苗新家庭农场。各类新型农业经营主体以土地流转、用工、合作、入股等方式带动困难群众增收脱贫（见表4-3）。

表 4-3　2016 年灯塔村"公司(合作社)+ 贫困户"帮扶情况一览

名称	主体法人	经营项目	带动贫困户方式
白河县启航农业发展有限公司	李正刚	能繁母猪	通过用工方式带动 5 户贫困户
白河县绿康农业综合开发有限责任公司	秦立新	蔬菜大棚、种猪	贫困户管理大棚,公司提供大棚、种子、化肥、销售等,利润三七分,解决了 12 户贫困户稳定增收问题。通过用工方式共解决 40 户贫困户增收问题
白河县绿佳农业综合开发有限公司	秦仁贵	蔬菜大棚	合作经营带动 4 户贫困户,土地流转带动 2 户,用工方式带动 34 户贫困户
苗新家庭农场	秦苗新	蔬菜大棚	通过土地流转带动 1 户贫困户,用工方式带动 9 户贫困户

资料来源:仓上镇政府。

二　灯塔村"支部 +X+ 贫困户"产业脱贫模式

白河县坚持以村党支部为核心,以特色产业链和专业合作社为纽带,深入实施"百村百个现代农业园区、百村百个专业合作社、百村百个山林经济示范点、百村百名技术人才、百村百个电子商务""五百脱贫工程",全面推行"支部 + 农业园区、+ 龙头企业、+ 合作社"等 7 种模式,建立"支部引领、企业担责、贫困户受益"的利益联结机制,实现稳定增收脱贫。在每个镇建立 1 个以上"三变"改革示范点,带动发展村级集体经济。同时,创新开展"双建双培"工作。着力建强党支部,建好"X"，将政治合格、群众威信高的49名优秀市场主体带头人培养成党员和村干部，鼓励支持130余名有带富能力的党员和村干部创办市场经营主体208家，带动8100余户贫困户致富增收，实现74个贫困村都有党员致富带头人，打造一支党性强、能带富、扎下根的"不走的扶贫工作队"。

"支部+X+贫困户"产业脱贫模式推出后，仓上镇党委在槐坪村进行了"支部+公司+贫困户"的"三变"改革试点，在试点过程中总结经验，初步建立了党组织、村集体、公司（合作社或家庭农场）、贫困户之间的利益联结机制。为在深度贫困地区打赢脱贫攻坚战，实施乡村振兴战略，带动小农户与现代农业的有机衔接开辟了新的道路。在仓上镇党委领导下，灯塔村鼓励贫困户与村内公司（合作社）建立密切的利益联结机制，联结方式主要有两种。一种是贫困户以股权入股，每个贫困户将"1万元"产业扶持资金注入合作社入股，年底分红，每户入股贫困户保底分红500~600元；如2017年，仓上镇为白河县绿康农业综合开发有限责任公司以10户贫困户名义注资10万元，每户贫困户年底分500~600元股金，股金按照公司效益每年有变动，但不得低于500元。同时，这10户贫困户和其他贫困户均可在公司通过务工、土地流转等方式获得收入。另一种是根据仓上镇产业特色，鼓励贫困户加入合作社，通过合作社组织群众，发挥合作社引领带动作用。

三 灯塔村"一户一两业"模式

根据仓上镇产业特色，鼓励贫困户自主发展产业，变贫困户产业发展"输血"为"造血"，对贫困户的优势主导产业进行奖补。同时政府通过产业奖补的形式鼓励贫困户加入合作社，通过合作社组织群众，发挥合作社引领带动作用。如贫困户张某，家中喂养肉牛6头，2017年获得产业奖补资金800元，同时获得加入合作社奖补资金200元，2017年共获得主导产业奖补资金1000元；贫困户刘家恩，种植甘蔗2亩，获得800元产业奖补资金，甘蔗种植无合作社，因此不能获得合作社奖补资金，2017年共获得主导产业奖补资金800元。2017年灯塔村有44户贫困户均享受了产业扶贫和自主脱贫奖补资金。部分建档立卡贫困户的产业扶贫和自主脱贫奖补资金兑现情况，如表4-4所示。

第四节 灯塔村产业扶贫发展效果

一 灯塔村居民对本村扶贫项目评价

从调查样本看，60户抽样样本中，40%的村民认为本村安排的扶贫项目很合理，30%的村民认为本村安排

精准扶贫精准脱贫百村调研·灯塔村卷

表4-4 2017年灯塔村部分建档立卡贫困户产业扶贫和自主脱贫奖补资金兑现情况

| 户主序号 | 主导产业 | | | | 其他产业 | | | | | 奖补合计（元） |
	类别	数量（头/亩）	奖补（元）	合作奖补（元）	白山羊（只）	鸡（只）	核桃（亩）	蔬菜（亩）	其他	
1	肉牛	6	800	200	6	10	4	—	甘蔗1亩	1000
2	生猪	3	800	200	—	10	6.5	—	玉米菜籽均为1亩	1000
3	生猪	1	200	200	—	10	1	—	—	400
4	生猪	2	400	200	—	3	2	—	甘蔗1亩	600
5	生猪	3	600	200	—	6	2	—	—	800
6	生猪	4	800	200	33	15	3	0.2	香椿1.2亩、魔芋0.5亩	1000
7	生猪	3	600	200	—	—	4	0.3	香椿3亩、甘蔗1.5亩、油葵3亩、玉米2亩	800
8	生猪	2	400	200	—	—	—	0.2	甘蔗1亩	600
9	肉牛	6	800	200	—	10	—	—	生猪2头	1000
10	甘蔗	2	800	—	—	—	—	—	—	800
11	甘蔗	0.5	200	—	—	10	2	0.2	—	200

注：2017年灯塔村有44户贫困户均享受了产业扶贫和自主脱贫奖补资金。本表只展示了部分群众的奖补情况，每户贫困户只可享受一种主导产业的奖补资金，不可同时享受两种或多种。

资料来源：灯塔村委会。

的扶贫项目比较合理，13.3% 的村民认为本村安排的扶贫项目一般，6.7% 的村民认为本村安排的扶贫项目不太合理，10% 的村民认为本村安排的扶贫项目很不合理（见表4-5）。

从建档立卡的 30 户贫困户抽样调查看，仅有 2 户村民认为目前本村安排的扶贫项目不太合理或很不合理。从 30 户非贫困户抽样调查看，有 8 户村民认为本村安排的扶贫项目不太合理或很不合理。

表4-5　灯塔村居民对 2016 年本村扶贫项目的评价结果

单位：户

类别	很合理	比较合理	一般	不太合理	很不合理
样本总体（60）	24	18	8	4	6
贫困户（30）	12	13	3	1	1
非贫困户（30）	12	5	5	3	5

二　灯塔村为贫困户安排的扶贫措施评价

从建档立卡的 30 户贫困户抽样调查结果看，对于"为本户安排的扶贫措施是否适合"这一问题，36.7% 的贫困户认为扶贫措施非常适合，26.7% 的贫困户认为扶贫措施比较适合，26.7% 的贫困户认为措施一般，6.67% 的贫困户认为不太适合，3.33% 的贫困户认为很不适合。可见，贫困户对扶贫措施的安排评价较为满意。

从抽样的 15 户通过产业扶贫帮扶的贫困户得到的扶持政策看，通过产业脱贫一批的贫困户均得到了资金、技术或合作经营等方式的扶持，扶贫可以起到增加贫困户收入的效果，但不同贫困户的扶贫效果差异较大。

第五节　灯塔村"产业扶贫脱贫"的思考

一　产业扶贫发展较为单一，应通过一、二、三产业融合方式实施多元化产业扶贫措施

从灯塔村发展看，四个主要扶持发展的市场主体主要经营项目是大棚和养猪，大棚主要种植反季节蔬菜和水果，养猪主要是能繁母猪和种猪。从目前看，灯塔村产业发展方式较为单一，产业链条较短，同时每个主体规模不大，市场力量不强，带动贫困户的效果一般。应利用灯塔村自身优势，如特殊的地理环境、自然条件与人文特色，将蔬菜大棚种植、牲畜养殖与采摘、休闲娱乐、儿童教育、民俗文化、餐饮服务、民宿生活等结合起来，延长产业链条，增加消费群体。应开放发展思路，以"实施乡村战略"为契机，利用山区优势，以发展优质高效的绿色、生态产业为纽带，在"三变"改革基础上，寻找更具有实力的企业来开发灯塔村旅游资源、休闲娱乐设施、儿童教育模块等，通过一、二、三产业融

合发展的方式，实施多元化产业扶贫措施，增加贫困户二、三产收入。

二　由于特殊的自然条件，从事种植产业存在一定风险，应通过农业保险或风险补偿弥补损失

灯塔村地理环境恶劣，土壤条件差，是白河县最典型的"土无三尺厚、地无百亩平"地区。每个市场主体发展蔬菜大棚的前期投资较大，从选址到平整土地再到牢固设施等，每个大棚投资额度达 10 万元。如果风调雨顺，大棚种植可以盈利，一旦发生暴雨泥石流，塌陷、淹没等造成大棚和棚内农作物遭到损坏的可能性极大。因此，一旦遭遇自然风险，市场主体的前期投资和后期劳作全部泡汤，损失极大。由此可见，对于具有特殊自然环境的深度贫困地区，扶持产业发展的同时，应考虑其发展面临的种种风险，重视农业保险或风险补偿机制。国家应考虑深度贫困地区的产业发展风险，通过保险或风险补偿基金对其进行损坏补偿。否则，深度贫困地区的产业发展非常脆弱，返贫可能性极大。

三　摒弃只注重眼前的"短频快"脱贫方式，应注重深度贫困地区的可持续发展能力

灯塔村的产业奖补、产业贴息贷款、资金注入等措施均是脱贫攻坚时期的主要产业扶持措施，每项措施的实施年限都是 2020 年全面脱贫之前。对于 2020 年脱贫之后的后续发

展，政府并没有太多考虑。对于深度贫困地区而言，产业兴旺是最重要的脱贫方式，也是未来脱贫后最重要的发展方式。因此在制定相关产业发展战略时，应注重政策的延续性和产业发展的可持续性，维护好村内具有能力的返乡创业者和经营大户。同时，在扶持群体的选择上，应注重深度贫困地区的脆弱群体，在扶持贫困户的同时，也不要放弃极有可能返贫或变贫的脆弱群体。

四　加强对口支援，鼓励发达地区利用雄厚的资金实力、先进的发展经验和模式对口支援深度贫困地区

部分经济较为发达的地区有雄厚的资金实力、人才队伍和发展经验，应通过引入资金、技术、人才等形式加强东中部地区对西部深度贫困地区的对口支援，鼓励西部贫困地区向东部地区输送干部培训学习，也鼓励东部地区干部去西部贫困地区挂职锻炼，向西部贫困地区输出先进的发展理念和发展模式。发挥贫困地区绿色、生态、环保等优势，依托大型企业的资金实力和发展带动能力，鼓励大中型企业向贫困地区投资，通过免税、人工成本、土地流转等优惠政策，吸引大中型企业对口支援深度贫困地区发展。

第五章

教育扶贫

第一节　灯塔村教育的基本情况

一　灯塔村教育基本情况

　　灯塔村没有幼儿园，没有小学（原来有的灯塔小学和井坪小学于 2004 年合并为一个小学，2007 年彻底并入邻村石官小学），没有中学。几乎所有的学龄儿童都在仓上镇上学。

　　2016~2017 年，灯塔村 3~5 周岁的儿童数量大约有 110 人，学前班在学人数有 30 人。小学阶段的适龄儿童人数有 80 人，其中女生 45 人；小学适龄儿童大部分都在灯塔村所属仓上镇小学读书，18 人在县市小学上学，15 人随外出打工的父母在外地学校上学。乡镇中学距离本村 20 公里。2016~2017 年，大约有 100 名适龄儿童在镇中学读书，其中女生 45 人；在所有的学生中住校的有 5 人；在白河县中学的有 8 人，随外出打工的父母在外地上中学的有 15 人。在当地中学，提供免费午餐。

在随机访问的灯塔村 60 户村民中，其中 36 户有 3~18 岁的子女，他们中有 8 户子女和祖父母或者外祖父母生活在一起，20 户的子女和父母生活在一起[1]，5 户的子女是和父亲或者母亲一方生活在一起，2 户的子女是独自生活，1 户子女是和父母、祖父母生活在一起。几乎所有的家庭都选择在乡镇的公办学校入学就读，36 户中有 21 户对学校的条件感到满意或者比较满意，满意度为 58.3%。上学的路程比较近，27 户的子女距离学校的单程距离在 15 分钟以内，占 75%；另外有 5 户在 30 分钟以内，占 13.9%；说明近 90% 的孩子距离学校较近，单程半个小时都可以到达。

关于上学费用，根据有效数据，2016 年一年，每个家庭在孩子上学方面花费的直接费用最高的超过 20000 元，最低的 100 元，平均每个家庭花费 1891 元；在上学的间接费用方面，最高的花费 6000 元，最低的 50 元，平均花费 821.61 元。在 2016 年，接受教育补助的有 5 个家庭，其中最高的教育补助有 12000 元，最低的 350 元。

---

[1] 问卷显示大部分子女和父母生活在一起，但是和本地以劳务输出为主相矛盾。可能的情况是如果有学龄子女的，父母尽可能选择在本地打工；另一种情况是父母一部分时间在家，所以就认为和父母生活在一起。

二 灯塔村因学致贫情况

灯塔村 203 户贫困户中，有 20 户贫困原因是因学致贫，具体情况如表 5-1 所示。这些因学致贫的家庭中，大部分为一般贫困户，户主的平均年龄为 47 岁，一年中平均务工的时间为 2.85 个月，他们的平均月收入为 2437.47 元。

表 5-1　2016 年灯塔村因学致贫贫困户信息

序号	性别	年龄（岁）	文化程度	健康状况	工作地点	务工时间（月）	贫困户类型	贫困原因	人均月收入（元）
1	男	48	小学	健康	县外省内	2	一般贫困户	因学	2215
2	男	59	初中	健康	其他	2	一般贫困户	因学	2465.5
3	男	49	小学	健康	其他	4	一般贫困户	因学	2476
4	男	29	初中	健康	县外省内	2	一般贫困户	因学	1875
5	男	47	小学	健康	县外省内	4	一般贫困户	因学	2500
6	男	44	小学	健康	县外省内	4	一般贫困户	因学	1166.67
7	男	50	小学	健康	县外省内	4	一般贫困户	因学	2450
8	男	39	小学	健康	县外省内	3	一般贫困户	因学	2001.2
9	男	52	小学	长期慢性病	县内	0	一般贫困户	因学	2108.33
10	男	72	小学	健康	其他	0	一般贫困户	因学	2047.5
11	男	49	小学	健康	县外省内	3	一般贫困户	因学	2645
12	男	36	小学	健康	省外	3	一般贫困户	因学	2764
13	男	36	小学	健康	县外省内	1	一般贫困户	因学	2702.5
14	女	43	小学	残疾	其他	0	低保贫困户	因学	2000
15	女	49	小学	健康	其他	3	一般贫困户	因学	3520
16	男	49	小学	健康	县外省内	2	一般贫困户	因学	2000
17	男	48	小学	健康	省外	4	一般贫困户	因学	2216.67
18	男	45	小学	健康	县外省内	4	一般贫困户	因学	2785
19	男	47	小学	健康	县外省内	8	一般贫困户	因学	4761
20	男	58	高中	健康	其他	4	一般贫困户	因学	2050

资料来源：灯塔村贫困户信息列表。

第二节　灯塔村的教育扶贫政策

一　学前教育补贴

根据《安康市脱贫攻坚到户政策》，幼儿资助对象包括：建档立卡贫困户幼儿，重点优抚对象、低保户、父母单（双）残、主要成员长期患病或丧失劳动能力家庭、重大自然灾害或者突发事件造成经济困难家庭、计划生育独生子女户幼儿和双女户绝育户困难家庭、其他原因造成经济困难家庭幼儿和孤儿、残疾幼儿。对于这些孩子，幼儿家庭只要提交申请表以及相关材料，经过幼儿园评审公示之后，每个孩子每年可获得补贴750元。

对于学前一年幼儿，包括学前班、幼儿园大班，在公办幼儿园就读的学前一年幼儿免收保教费，对在民办幼儿园就读的学前一年幼儿按照统计同类公办幼儿园保教费标准予以减免。这一项政策是安康市的普惠政策。

二　义务教育阶段免除学杂费和书费

针对义务教育阶段的贫困寄宿生，给予生活补助，小学生每名学生每年补助1000元，初中生每名学生每年补助1250元。灯塔村能享受到这项补助的主要有以下几种：建档立卡贫困家庭寄宿生，寄宿生中五保户、低保户、父母双亡或一方已故、父母单（双）残、主要成员长期患病或丧失劳动能力家庭、重大自然灾害或者突发事件造成经济困难家庭、计划生育独生子女户幼儿和双女户绝育户困难家庭的学生。

另外，免除学杂费和免费提供教科书是义务教育阶段学生能够享受到的普惠政策。灯塔村所有义务教育阶段的学生免除上述费用。民办学校学生学杂费标准按照中央确定的生均公用经费基准定额执行，免费提供国家规定课程、地方课程教科书。

三 农村义务教育学生营养改善计划

农村义务教育学生营养改善计划主要指针对农村义务教育学生每人每天补助 4 元，合计每年补助 800 元。

为贯彻落实《国家中长期教育改革和发展规划纲要（2010—2020 年）》，提高农村学生尤其是贫困地区和家庭经济困难学生健康水平，2011 年 10 月，国务院常务会议决定，从2011 年秋季学期起，启动实施农村义务教育学生营养改善计划。改善我国的教育水平，实现教育平等。为持续改善集中连片特困地区义务教育阶段学生营养状况和身体素质，针对营养改善计划实施中的困难和问题，2014 年中央财政安排资金 9.4亿元，将营养改善计划国家试点地区补助标准从 3 元提高到 4元，达到每生每年 800 元，新标准从 2014 年 11 月起执行。同时鼓励各地以贫困地区、民族地区、边疆地区、革命老区等为重点，因地制宜开展营养改善地方试点，中央财政对开展地方试点的省份按照不高于国家试点标准的 50% 给予奖励性补助。

四 普通高中家庭经济困难学生助学金

对符合条件的普通高中生的平均资助标准为每生每学年 2000 元。具体资助额度按照贫困程度分为两档，建档立卡贫困户学生、特困生每生每学年 2500 元，贫困生每生每学年 1500 元。具体的申请程序是：学生首先提交申请表和相关材料，然后学校评审，张贴公示，最后发放普通高中学生资助卡，如图 5-1 所示。

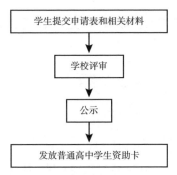

图 5-1 普通高中家庭经济困难学生助学金申请流程

此项资助的申请条件是：具有正式注册学籍的普通高中在校生中的家庭经济困难学生。含建档立卡贫困户、低保户、父母双亡或一方已故、父母单（双）残、主要成员长期患病或丧失劳动能力家庭、重大自然灾害或者突发事件造成经济困难家庭、计划生育独生子女户幼儿和双女户绝育户困难家庭的学生以及烈士子女。

此外，普通高中还有免学费的普惠政策。对在公办普通高中就读的学生免收学费，对在民办普通高中就读的学生，按照同类公办普通高中的收费标准减免学费。

五 中职教育扶贫

1. 中职国家助学金

这项助学金的资助对象是一、二年级国家集中连片特困县中等职业学校农村学生、涉农专业和非涉农专业家庭经济困难学生，资助标准为每生每学年给予助学金2000元。程序是：学生首先提交申请表和相关材料，然后学校评审，张贴公示，最后发放普通中职学生资助卡，如图5-2所示。

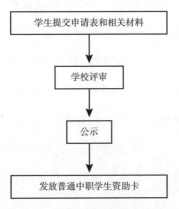

图5-2 中职国家助学金申请流程

2. 中职免学费

对在公办中等职业学校就读的学生免收学费。民办中等职业学校学费高出同类型同专业公办中等职业学校免学费标准部分由学生家庭负担。中等职业学校全日制正式学籍一、二、三年级在校生中所有灯塔村学生、城市涉农专业学生和家庭经济困难学生免除学费。程序是：学生首先提交申请表和相关材料，然后学校评审，张贴公示，后获得免费的资格，如图5-3所示。

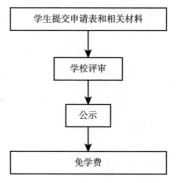

图 5-3　中职免学费申请流程

3. 贫困家庭中职学生扶贫资助

根据安康扶贫政策，灯塔村建档立卡贫困户中职在校学生，每人一次性给予 3000 元扶贫助学补助。具体的程序是县区扶贫部门在"贫困家庭建档立卡信息系统"导出学生名单，提供给教育部门共同审核，审核通过后发放现金或"一卡通"兑付。或学生提交申请后由扶贫教育部门共同认定，审核通过后发放现金或"一卡通"兑付。

六　对全日制专科以上学生的扶贫政策

1. 国家助学贷款（生源地信用助学贷款、校园地国家助学贷款）

符合条件的本专科学生每人每年办理最高不超过 8000 元、研究生每人每年办理最高不超过 12000 元的贷款。助学对象有已被全日制高等专科以上学校正式录取的高校新生或在校生中建档立卡贫困户、低保户、优抚家庭、残疾人家庭、成员因患重大疾病支付了大额医疗费用造成经济困难的家庭、突发性变故造成人身及财产重大损失导致经济困难的家庭、遭遇不可抗力或自然灾害造成经济困难的家庭、无稳定收入的单亲家庭、其他经济困难的家庭学生和孤儿、烈士子女。申请程序是学生提交申请，经县资助中心（学校）审核后，借款人及共同借款人本人签订贷款合同上报银行，由银行审批发放。

2. 高校国家助学金

针对灯塔村高校全日制本专科在校生中家庭经济困难学生，对于特别困难的，每名学生每学年补助 3500 元；对于一般困难的，每名学生每学年补助 2500 元。申请程序是学生提交申请，经高校评审后通过银行卡发放。

3. 贫困家庭高职学生扶贫资助

对于灯塔村建档立卡贫困户高职在校学生，每人一次性给予 3000 元扶贫助学补助。申请程序是学生提交申请表及相关材料，经学校、扶贫和教育部门共同认定，审核通过后发放现金或"一卡通"兑付。

七 "教师结对帮扶贫困学生"专项行动

按照陕西省教育厅《关于在全省教育系统开展"三秦教师结对帮扶贫困学生"专项行动的实施意见》（陕教〔2017〕282 号）、《安康市脱贫攻坚指挥部关于开展"树千名自强标兵交万名农民朋友"活动的决定》（安脱指发〔2017〕22 号）、《安康市教育局关于在全市教育系统开展"教师结对帮扶贫困学生"专项行动的通知》（安教发〔2017〕94 号），白河县脱贫办公室在 2017 年秋季开始对

表 5-2 安康市脱贫攻坚到户帮扶政策明白卡（教育类）

政策名称	享受对象条件	补助（贴）标准	申办流程
学前教育助学金（普惠政策）	建档立卡贫困户幼儿、重点优抚对象、低保户、父母单（双）残，主要成员长期患病或遭受灾害致贫或突发事件造成经济困难家庭，计划生育独生子女户幼儿和双女绝育户困难家庭、其他原因造成经济困难家庭幼儿和孤儿、残疾幼儿。	每生每年 750 元	幼儿家庭提交申请表及相关材料→幼儿园评审公示→按补助标准抵扣伙食费
学前一年免费教育（普惠政策）	免除学前一年幼儿（学前班、幼儿园大班）保教费	对在公办幼儿园就读的学前一年幼儿免收保教费，对在民办幼儿园就读的学前一年幼儿按照同级同类公办幼儿园保教费标准予以减免	一
义务教育阶段贫困寄宿生生活补助	建档立卡贫困家庭寄宿生、寄宿生中农村五保户和低保户、父母双亡或一方已故，父母双残或单残、父母丧失劳动能力造成生活困难的学生以及残疾学生，因重大自然灾害或其他突发事件造成家庭经济困难的学生、计划生育独生子女户或双女绝育户家庭经济困难的学生	小学每生每年 1000 元，初中每生每年 1250 元	学生提交申请表及相关材料→学校联评公示→以饭票、代金券形式发放
义务教育学生免除学杂费（普惠政策）	义务教育学生	对城乡义务教育学生免除学杂费。民办学校学生免除杂费按标准按照中央确定的公用生均经费基准定额执行	一
义务教育学生免费提供教科书（普惠政策）	义务教育学生	免费提供国家规定课程、地方课程教科书	一

政策名称	享受对象条件	补助（贴）标准	申办流程
农村义务教育学生营养改善计划	农村义务教育学生	对农村义务教育学生每人每天补助4元，每年800元	—
普通高中家庭经济困难学生助学金	具有正式注册学籍的普通高中在校生中的家庭经济困难学生。优先资助建档立卡贫困户、低保户、父母双亡或父母双残或单残，家庭主要成员患有长期慢性病或残疾导致家庭生活困难的学生；因重大自然灾害或突发事件，造成家庭经济困难的学生；计划生育独生子女户或双女绝育户家庭经济困难的学生以及烈士子女	平均每生每学年2000元。具体资助额度按贫困程度分为两档，建档立卡贫困户学生、特困生每生每学年2500元，贫困生每生每学年1500元	学生提交申请及相关材料→学校评审公示→通过普通高中学生资助卡发放
普通高中免学费（普惠政策）	所有具有正式学籍的普通高中学生	对在公办普通高中就读的学生免收学费，对在民办普通高中就读的学生，按照同类公办普通高中的收费标准减免学费	—
中职国家助学金	一、二年级国家集中连片特困县中等职业学校农村学生、涉农专业和城市涉农专业家庭经济困难学生	每生每学年2000元	学生提交申请表及相关材料→学校评审公示→通过中职学生资助卡发放
中职免学费	中等职业学校全日制正式学籍一、二、三年级在校生中所有农村（含县镇）学生、城市涉农专业学生和家庭经济困难学生	对在公办中等职业学校就读的学生免收学费。民办中等职业学校学费高出同类型公办专业免学费标准部分由学生家庭负担	学生提交申请表及相关材料→学校评审公示→免收学费

政策名称	享受对象条件	补助（贴）标准	申办流程
贫困家庭中职学生扶贫资助	建档立卡贫困户中职在校学生	每人一次性给予3000元扶贫助学补助	县区扶贫部门在"资困家庭建档立卡信息系统"导出学生名单，提供给教育部门共同审核→发放现金或"一卡通"兑付。或学生申请→扶贫和教育部门共同认定→发放现金或"一卡通"兑付
国家助学贷款（生源地信用助学贷款、校园地国家助学贷款）	已被全日制高等专科以上学校正式录取的高校新生或在校生中建档立卡贫困户、低保户、优抚家庭、残疾人家庭、成员因患重大疾病支付了大额医疗费用造成经济困难的家庭、突发性变故造成人身及财产重大损失导致经济困难的家庭、遭遇不可抗力自然灾害造成经济困难的家庭、无稳定收入的单亲家庭、其他经济困难的家庭学生和孤儿、烈士子女	本专科学生每人每年办理最高不超过8000元，研究生每人每年办理最高不超过12000元的贷款	学生申请→县资助中心（学校）审核→签订贷款合同上报银行→银行审批发放
高校国家助学金	高校全日制本专科在校生中家庭经济困难学生	特别困难：3500元/生·学年，一般困难：2500元/生·学年	学生申请→高校评审→银行卡发放
贫困家庭高职学生扶贫资助	建档立卡贫困户高职在校学生	每人一次性给予3000元扶贫助学补助	学生提交申请表及相关材料→学校、共资和教育部门共同认定→发放现金或"一卡通"兑付

资料来源：白河县教育局。

全县教育体系开展"教师结对帮扶贫困学生"专项行动。

"教师结对帮扶贫困学生"专项行动是以建档立卡等贫困家庭学生（含非建档立卡的农村贫困残疾人家庭、农村低保家庭、农村特困救助供养人员）为重点，在学校完成正常教育教学任务的基础上，在同学段师生间开展的经常性、群众性互助帮扶活动。互助关系原则上要求在本校师生间建立，校际学段之间不交叉，各地各校要结合实际构建全体教师与贫困家庭学生之间"一对一""一对多""多对一"互助模式，保证全体教师与贫困学生实现双向全覆盖，即横向到边，纵向到底，达到互相帮助，相互锻炼，彼此进步，共同提升的目标。帮扶内容主要是激发贫困学生成人成才志向、帮扶贫困学生学习生活、关怀贫困学生心智情感、启迪贫困学生的知恩报恩。

此活动从 2017 年 9 月启动，持续推进到 2020 年。灯塔村符合条件的学生均列入其中。

第三节　"农户＋合作社＋学校"产销模式

一　模式由来

2016 年，白河县教体局多次调研，发现在教育扶贫过程中，当地有发展种植业、养殖业的优势，但农产品销路问题一直是农民最大的顾虑。白河县教体局自己有一组数据：白河县现有84所公办学校，在校生2.48万人，其中寄宿生9500人。寄宿生一日三餐都在学校，走读生每天在学校吃一顿，加上1800名在岗教职工用餐，每年全县学校食堂肉类和蔬菜、鸡蛋的采购量近1000万元。当时他们就想到，如果能够建立一种"农户+合作社+学校"的产销模式，让学校食堂优先采购各合作社的肉蛋类和蔬菜产品，那么既能发挥校园集中消费的优势，推进精准扶贫，又能提高学校食堂采购食材的新鲜品质，保障学生营养膳食。到时农户有产出，学校有需求，合作社能完成管理和流通，就为贫困村的发展找到了一条可持续的路。

在经过一段时间的尝试之后，2016年5月12日，《白河县教体系统实施精准扶贫帮助贫困村农产品促销工作实施方案》出台，将这一设想正式变成了可操作的措施。全县中小学和公办幼儿园食堂所需的大米、面粉、食用油、热鲜猪肉等大宗食品原材料，实行政府集中采购。新鲜蔬菜、蛋类、豆制品、调味品等原辅材料则由学校按需自主采购，优先遴选在教体局备案的贫困村农民专业合作社。按照这一方案，白河教体系统根据"先行试点、稳步推进，注重服务、公平公正，安全第一、市场运营"的原则，发动全系统帮助贫困村农产品促销，通过这一模式拧紧"产、管、销"链条，既保障农民增收，也保障学生营养膳食，一举两得地推进精准扶贫。茅坪镇田湾村，这个县教体局帮扶的贫困村，成了第一个试点。2016 年春，教体局率先在田湾村试点成立了高山蔬菜种植专业合作社，鼓励群众大力发展蔬菜种植，由合作社收购销往周边中小学校。村里的蔬菜种植合作社与学校有效对接，养殖合作社也开始为学校提供畜禽热鲜肉和蛋类食品。在初期试点之后，各学校还将提升食堂蔬菜、热鲜肉、蛋和大豆制品的本地采购率，同时向周边县域学校试点销售。

为保障"农户 + 合作社 + 学校"链条的健康运行，白河县教体局采取了一系列措施保驾护航。他们协调工商、食药监和农业等部门对合作社及其采供学校进行督导检查。凡是以次充好、出现事故或人为质量安全问题的，一律清退出学校采购圈，并拉入黑名单。同时，通过以奖代补、协调扶贫项目资金等措施，激励合作社增强产能。由县职教中心实施精准教育培训，送培到镇村。决定探索"农户 + 合作社 + 学校"产销模式，发动教育系统帮助贫困村打通农产品销路，既保障农民增收，也保障学生营养膳食，一举两得地推进精准扶贫。

二　模式效果

周世清[1]是田湾村 6 组的贫困户，妻子常年患病，儿子正在上大学，正是需要用钱的时候。2016 年他在煤矿

---

[1]　本书所有被访者姓名，均系化名。

受伤后，家里唯一的收入来源就断了。在这期间，白河县田湾高山蔬菜种植专业合作社成立，周世清随即加入成为首批社员。依托"农户＋合作社＋学校"模式，周世清种了6亩蔬菜，合作社为他免费提供籽种、传授种植技能，待蔬菜成熟后，统一收购，统一销往学校。他说，"下半年受灾，蔬菜收成不好，卖了6000多块钱。之前我在合作社干活挣了3000多元，手头上篱笆扎完还能挣个2000元。"更重要的是，在家门口务工，他再也不愁没活干。

现在，首个加入"试点"的田湾高山蔬菜种植合作社的社员已发展到79户，其中贫困户57户。合作社已建设示范基地30亩，全村发展蔬菜160亩，产量每月达50余吨，产值10万余元。从全县来看，越来越多的贫困户也因此受益。目前，全县已组建起15个种养合作社，覆盖10个贫困村，带动1246户贫困户4288人，人均增收1309元。预计2018年，"农户＋合作社＋学校"产业模式的贫困村合作社将超过20个，遍布全县每个镇，年产能将超过800万元。

三 灯塔村"农户＋合作社＋学校"产销模式

白河县绿佳农业综合开发有限公司，于2016年7月成立，主要经营蔬菜种植、加工及销售；畜禽养殖、加工及销售；农业开发、生态旅游服务。截至2017年10月，通过"农户＋合作社＋学校"产销模式，向各小学和初中输送蔬菜的销售收入合计195347元。具体情况如表5-3所示。

表 5-3　2017 年 1~10 月白河县绿佳农业综合开发有限公司
对学校的销售情况

单位：元

学校	销售额度
城关小学	19230
城关镇小学	35138
中长小学	19784
构扒小学	29057
卡子小学	6725
茅坪小学	7826
宋家小学	6358
双丰小学	4438
西营小学	3369
仓上小学	9019
冷水小学	9976
小双小学	6387
麻虎小学	7729
城关初中	5679
中长初中	9927
构扒初中	5348
白河二中	1528
宋家初中	2201
白河高级中学	5528
合计	195247

资料来源：白河县贫困村合作社农副产品对学校销售情况统计表。

第四节　灯塔村教育扶贫效果和案例

一　教育扶贫效果

2017 年秋，灯塔村在仓上初级中学就读的学生有 29

人，其中，10名学生是建档立卡贫困户学生。这10名学生全部都是寄宿生，其中1名留守儿童；7个七年级学生，3个八年级学生。这10名学生除了享受义务教育阶段免除学杂费和免费提供教科书的普惠政策，每天4元每年合计800元的营养改善计划，每名学生每年还有1250元的补助。这些学生也进入"教师结对帮扶贫困学生"专项活动。教师通过"一对一"活动对这些学生进行思想上、精神上的帮扶，帮助他们增强战胜困难、摆脱困境的信心，坚定知识改变命运、拼搏赢得未来的信念。通过这样的帮扶，帮助其掌握正确的学习方法，建立对学习的信心和乐趣，全身心投入文化知识和专业技能学习。

2016年，灯塔村4组、6组和10组分别有1名学生考入西安思源学院、西安财经学院和陕西交通职业技术学院，其中两名学生分别得到了"泛海助学"[①]5000元资助，还有一名学生得到其他10000元的资助。

二 教育扶贫案例

案例1：学前教育

户主赵文，1969年生，灯塔村4组农民，家庭成员有他的妻子、儿子、儿媳、上幼儿园的孙子和孙女。赵文家贫困原因有多种，患病、就学且缺劳动力。在成为

---

① "泛海助学"是泛海集团在2016年5月发起的助学行动，在未来5年将捐赠15亿元，在山东、湖北、广西、重庆、贵州、陕西6省（区、市），以每人5000元的标准，资助30万名建档立卡贫困家庭应届高考大学新生。

贫困户期间，享受到贴息贷款、兜底保障、联系务工地点、申请搬迁资金、教育资助、医疗救助等多项政策。2016年，享受到学前教育助学金750元整。这是针对建档立卡贫困户幼儿的专项补贴。

在对其的访问中，由于农民"有财不露白"的观念，对其收入情况非常谨慎，基本上只说支出不谈收入，说每年的收入不过2000元。如果其说法是真实的，750元教育补贴在其纯收入中占37.5%，依然相当可观。

案例2：大学教育

户主程伟，1970年生，妻子1971年生，儿子1993年生，全家身体健康，为非建档立卡户，灯塔村9组农民。随着儿子考入大学，2016年拿到各项教育资助12000元。但是，仅2016年，孩子上学的各项花费大约20800元。而在访谈中，程伟透露2016年其收入一共30700元。大学教育这一项的消费还是占到其总收入的67.75%。

户主周元，灯塔村2组农民，一家5口人，妻子、儿子、女儿和母亲。儿子周安，2011年考入大学，2015年毕业。家庭因学致贫，为一般贫困的建档立卡户。在本文政策还没有出台前，获得过一次性贫困补助，以及生源地助学贷款。目前，该生已经毕业参加工作。随着其参加工作，家庭成为脱贫户。

第五节　对灯塔村教育扶贫的思考

灯塔的扶贫教育取得了明显的效果，但是，教育扶贫的内容仍然需要扩展，扶贫对象需要丰富，方式也要多种多样。

一　灯塔村的教育补贴主要覆盖各个阶段在校学生，多是经济补贴，未来需要从多方面拓展构建立体扶贫渠道

灯塔村的教育扶贫主要依据《安康市脱贫攻坚到户政策》，对于建档立卡贫困户子女，从学前教育、义务教育阶段的免除学杂费和书费、营养改善计划，到家庭困难的高中学生助学金，再到中职教育和全日制专科以上的学生除了享受国家的政策之外，都有不同程度的补助，几乎涵盖了各个层次的在校学生。但是，从内容上看，主要是以经济补贴为主，这主要保障了贫困户子女受教育的权利。但是，对于教育扶贫来说，不仅要让贫困户子女拥有受教育的机会，还要拥有更多优质教育机会。这样，就要求要构建立体扶贫渠道。比如可以进一步推进招生改革，通过多项倾斜政策，从实施优质高中招收农村学生计划，到实施好国家贫困地区定向招生专项计划，再到省属院校安排一定的计划招收农村考生，让更多贫困家庭孩子进入优质高中、重点院校。在大学阶段，还可以完善贫困家庭大学生学费减免制度，高校内公益岗位优先安排贫困家庭大学生。建立贫困家庭大学生实名制信息库，开展有针对性的

职业指导和培训，落实高校毕业后服兵役、下基层的优惠政策，鼓励贫困家庭毕业生回乡自主创业，最终达到"一人长期就业、全家稳定脱贫"的目的等。

二　除了学校教育扶贫之外，还要关注家庭教育和社会教育

对于儿童和青少年的教育，大多数人会以为主要指学校教育。从灯塔村的扶贫内容和对象来看，也主要是针对各个层次的在校学生进行经济补贴。事实上，就教育来讲，所涵盖的远远不止这些。

通常来说，家庭教育是基础，学校教育是重点，社会教育关系着一个孩子未来发展的方向。学校教育确实是我国教育的主要方式，但是，一个孩子的成长过程中，家庭教育和社会教育的作用远远被低估。家庭教育主要指父母或其他长辈在家庭中对学生进行的教育，是学校教育教学活动的基础和必要补充。很多实践证明了不同家庭的学生对人对事尤其是对社会的态度、学习动机和行为方式与父母的文化素养、教育能力等有很大的相关性。对于贫困户家庭，定期开家长会、家访，带学生到校外参观、访问、参加志愿活动等。这些活动会对贫困户家庭孩子的成长起到意想不到的积极作用。

三　成人教育也要纳入教育扶贫，要加强技能培训，培养就业能力

治贫先助"技"，要加强成人职业教育，资助贫困地区

的职业教育、培训农村劳动力、培养新型职业农民。比如可以动员有意识参与职业教育的初中毕业生，组织他们到中职学校学习；可以多个部门联合针对市场比较急需的"汽车运用和维修"等专业进行重点培训，实现"就业一人，致富一户"。对贫困家庭的学生就业培训还应该作为重点工作进行。

四　发展经济，留住人才，实现教育的可持续发展

农村的发展离不开教育，教育的发展离不开学校。但是，目前农村教育的情况是随着学生随迁至城镇数量的增加，农村学校严重萎缩和趋同。本文不评价这种萎缩和趋同是好是坏，但是发展经济，留住人才，才能实现教育的可持续发展。

一方面要解决农村教师的工资待遇和编制问题，提高农村教师特别是偏远艰苦地区教职工的生活补助，切实解决农村教师"下不去""留不住""教不好"的问题；另一方面，要继续加大贫困地区基础教育的投入等。此外，教育的可持续发展也指随着本轮脱贫工作的结束，诸如因病致贫和因学致贫的家庭可能发生变化，成为脱贫户，但是新发生的贫困户如何发展，即如何实现教育扶贫的可持续发展是一个亟待解决的问题。

第六章

健康医疗扶贫

第一节　灯塔村的基本情况

一　健康医疗扶贫的定义

健康是人生最大的财富。然而，贫困山区群众因病致贫、因病返贫成为脱贫攻坚的最大绊脚石。病患猛于虎。一人有病，全家不安。特别是在经济基础薄弱、抗风险能力较低的高山地区，因病导致家境窘迫、生活困难的现象非常普遍。

健康医疗扶贫，是国家确立的扶贫目标"两不愁、三保障"的主要内容之一。在我国，"健康医疗扶贫"的口号最早提出于 2002 年，是中国红十字基金会在中共中央统战部、卫生部、文化部等国家党政部门支持下发起的。旨在通过开展一系列公益服务项目，推动中国基层及贫困地区的医疗卫生事业，缩小城乡居民之间的健康差距，改善弱势群体的生存质量，从而体现出"人人健康"的社会公平及公正，逐步消除家庭或个人因病致贫和因病返贫的现象。因此，在我国，"健康医疗扶贫"的含义可以理解为：以科学发展观为指导，坚持以人为本，既注重"输血"机制的构建，又注重"造血"功能的培育；既注重扶贫手段的针对性，又注重扶贫手段的系统性、综合性；既注重对贫困者从资源（主要是资金和物质）上予以支持，又注重从权利、机会、自助能力等方面予以支持；既注重对贫困地区卫生基础设施建设、医疗服务建设、医疗技术人员培训等方面予以支持，又注重在健康教育、科学生活方式与习惯的培育、社会保险、食品安全体系的构建等方面予以支持；重视培养贫困者的主体意识和能力，变对贫困者的生存支持为发展支持。

二 灯塔村的健康医疗扶贫对象

健康医疗扶贫对象，广义包含所有贫困户，狭义只包含因病致贫的贫困户。2016 年，在灯塔村 203 户贫困户中，有 58 户贫困的原因中至少包含因病、因残致贫，占贫困户总数的 29%。其中 37 户贫困户中有残疾人，在这些残疾人中，9 人是一级残疾，12 人二级残疾，15 人三级残疾和 1 人四级残疾。

在灯塔村抽样调查访问的 60 户农户中，家庭成员中没有患病的只有 15 户，剩下的 45 户，即 75% 的农户中都存在各种健康问题。主要疾病的分布情况为高血压 6 户、腰病（含腰椎间盘突出）7 户、精神疾病 4 户、脑血管病 3 户、各种腿病 3 户、各种肝病 4 户，以及癫痫、胃炎、胆息肉、耳朵听力不好、冠心病、工伤、聋哑、糖尿病、右眼残疾、白内障、静脉曲张、肝囊肿、食道癌等各种长期慢性病。很多时候，每位病患都有 2 种以上的病情出现。2017 年灯塔村部分健康医疗扶贫对象情况，如表 6-1 所示。

表 6-1　2017 年灯塔村部分健康医疗扶贫对象情况

单位：岁，月

序号	性别	年龄	文化程度	健康状况	劳动力状况	务工时间	贫困户类型	致贫原因
1	男	75	小学	残疾	无劳动力	0	低保贫困户	因残
2	男	41	小学	患有大病	丧失劳动力	0	低保贫困户	因病
3	男	54	小学	长期慢性病	丧失劳动力	0	一般贫困户	因病
4	男	71	小学	健康	无劳动力	0	五保贫困户	因残
5	男	67	小学	长期慢性病	无劳动力	0	一般贫困户	因病
6	男	69	文盲或半文盲	残疾	无劳动力	0	五保贫困户	因残
7	男	67	文盲或半文盲	长期慢性病	无劳动力	0	五保贫困户	因残
8	男	55	小学	长期慢性病	普通劳动力	2	一般贫困户	因病
9	男	50	小学	残疾	普通劳动力	0	五保贫困户	因病
10	男	78	文盲或半文盲	长期慢性病	无劳动力	0	一般贫困户	因病
11	男	54	小学	健康	普通劳动力	3	一般贫困户	因残

序号	性别	年龄	文化程度	健康状况	劳动力状况	务工时间	贫困户类型	致贫原因
12	男	43	小学	残疾	普通劳动力	0	一般贫困户	因病
13	男	69	小学	长期慢性病	无劳动力	0	一般贫困户	因病
14	男	59	初中	残疾	普通劳动力	0	一般贫困户	因残
15	男	48	小学	长期慢性病	丧失劳动力	0	一般贫困户	因残
16	男	56	小学	残疾	丧失劳动力	0	一般贫困户	因残
17	男	62	文盲或半文盲	残疾	丧失劳动力	0	五保贫困户	因残
18	男	42	小学	残疾	丧失劳动力	0	一般贫困户	因病
19	男	68	小学	残疾	无劳动力	0	一般贫困户	因残
20	男	46	高中	患有大病	普通劳动力	0	一般贫困户	因病
21	男	79	小学	残疾	无劳动力	0	低保贫困户	因残
22	男	66	小学	长期慢性病	无劳动力	0	低保贫困户	因病
23	男	76	小学	残疾	无劳动力	0	一般贫困户	因残
24	男	57	小学	长期慢性病	普通劳动力	0	一般贫困户	因病
25	男	59	小学	残疾	普通劳动力	2	一般贫困户	因病
26	男	60	小学	长期慢性病	丧失劳动力	0	低保贫困户	因病
27	男	67	初中	长期慢性病	无劳动力	0	低保贫困户	因病
28	男	51	小学	健康	普通劳动力	0	一般贫困户	因病
29	男	77	小学	长期慢性病	无劳动力	0	一般贫困户	因病
30	男	54	文盲或半文盲	长期慢性病	丧失劳动力	0	低保贫困户	因病
31	男	48	小学	健康	普通劳动力	2	一般贫困户	因病
32	男	59	初中	残疾	丧失劳动力	0	一般贫困户	因残
33	女	57	文盲或半文盲	残疾	丧失劳动力	0	五保贫困户	因残
34	男	57	小学	长期慢性病	丧失劳动力	0	低保贫困户	因病
35	男	49	小学	残疾	丧失劳动力	0	低保贫困户	因残
36	男	54	小学	长期慢性病	丧失劳动力	0	一般贫困户	因残
37	男	52	小学	患有大病	丧失劳动力	0	一般贫困户	因病
38	男	71	小学	健康	无劳动力	0	一般贫困户	因残
39	男	61	小学	长期慢性病	普通劳动力	0	低保贫困户	因病
40	男	60	小学	长期慢性病	普通劳动力	0	一般贫困户	因病

序号	性别	年龄	文化程度	健康状况	劳动力状况	务工时间	贫困户类型	致贫原因
41	男	50	小学	长期慢性病	普通劳动力	3	一般贫困户	因病
42	男	48	小学	长期慢性病	普通劳动力	1	一般贫困户	因病
43	男	65	小学	长期慢性病	无劳动力	0	一般贫困户	因病
44	男	34	初中	残疾	普通劳动力	0	低保贫困户	因残
45	男	62	小学	长期慢性病	无劳动力	0	一般贫困户	因病
46	男	39	小学	患有大病	丧失劳动力	0	一般贫困户	因病
47	男	49	小学	残疾	丧失劳动力	0	一般贫困户	因病
48	男	51	小学	长期慢性病	丧失劳动力	0	一般贫困户	因病
49	男	51	小学	健康	普通劳动力	6	一般贫困户	因病
50	男	54	小学	残疾	丧失劳动力	0	一般贫困户	因残
51	男	54	小学	长期慢性病	普通劳动力	6	一般贫困户	因病
52	男	48	初中	健康	普通劳动力	6	一般贫困户	因残
53	男	52	小学	长期慢性病	普通劳动力	8	一般贫困户	因病
54	男	55	初中	长期慢性病	普通劳动力	0	一般贫困户	因病
55	男	33	文盲或半文盲	残疾	普通劳动力	0	五保贫困户	因残
56	男	67	小学	长期慢性病	无劳动力	0	一般贫困户	因病
57	男	55	小学	长期慢性病	丧失劳动力	0	一般贫困户	因病
58	女	55	小学	长期慢性病	丧失劳动力	0	一般贫困户	因病

资料来源：灯塔村贫困户信息列表。

第二节　灯塔村的健康医疗扶贫政策

如何解决大病患者在合作医疗报销后自负费用仍然较高问题，灯塔村所在的白河县建立起四重医疗保障机制，把

"贫困人口住院报销比例达90%以上"和"群众自负费用不超过3000元"作为贫困人口"减少治病支出"的硬性指标，提高合疗报销比例。县合管办制发了《关于调整参合贫困人口新农合补助政策的通知》及《建档立卡贫困人口慢病药品免费发放管理办法》，要求各定点医疗机构对建档立卡贫困人口看病就医免挂号费、门诊检查费、住院费用和慢病药品费用；同时，提高贫困人口住院合疗报销比例5个百分点，在县内一级定点医疗机构合规费用免起步费，100%全额报销，县内二级定点医疗机构报销比例达到90%。由县合管办按人均30元标准为全县所有参合对象购买大病保险，保证所有贫困人口都能享受大病保险政策，贫困人口报销起步线降至3000元。实施民政救助制度。由县民政部门、合管办、镇卫生院负责审核把关，对住院就医花费较多的贫困家庭，实施民政救助。建立大病救助基金，通过县级财政预算、民政临时救助资金划拨、社会募捐三个渠道，白河县目前已筹集大病专项救助资金1500万元，筹集资金的账户设在县财政局，实行专户管理、专款专用。通过合作医疗、大病保险、民政救助、大病救助几重报销后，确保了贫困人口住院合规费用自付部分不超过10%，住院花费总金额不超过3000元的工作目标，使因病致贫家庭重燃脱贫致富希望，立起大病挡箭牌。

一 门诊统筹补助

对于参加新农合的患者，凭参合本（卡）在所在地定点的乡镇卫生院、村（社区）卫生室办理补助。每个人平均 100 元，按人定标，户内通用。

二 门诊慢性病补助

符合门诊慢性病病种管理标准的参合患者，根据病种的不同种类，补助情况有所不同。具体来说：Ⅰ类病种限额 3 万元，补助比例 80%；Ⅱ类病种限额 0.36 万元，补助比例 70%；Ⅲ类病种限额 0.24 万元，补助比例 70%；Ⅳ类病种限额 0.12 万元，补助比例 70%。

具体程序是：先是初审，就是到参加农合的镇卫生院申请；然后由县（区）合疗办组织慢性病鉴定小组进行复审；再经过县（区）合疗办审批同意后，凭借慢性病证（卡）在县（区）内定点医疗机构获得直接补助；未实行直通车的在各县区政务大厅、镇合管站、镇卫生院办理（见图 6-1）。

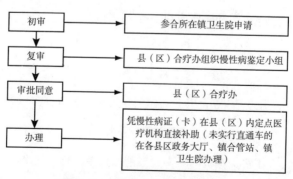

图 6-1　门诊慢性病补助申请流程

三 住院补助

因大病住院的参合群众，市内镇定点卫生院不设起付线，合规费用补助 100%；县定点二级医院起付线 600 元，合规费用补助 90%。市级定点二级医疗机构起付线 1000 元，合规费用补助 80%；市级定点三级医疗机构起付线 1800 元，合规费用补助 70%。省级定点三级医疗机构起付线 3000 元，补助 65%；省级定点二级医疗机构起付线 2000 元，补助 75%。省外定点三级医院起付线 5000 元，补助 50%；省外定点二级医院起付线 1500 元，补助 70%；省外定点一级医院起付线 500 元，补助 90%。非定点医院起付线 500 元，补助 30%。

具体程序很简单，在省、市、县（区）、镇直通车定点医疗机构出院时直接办理结算；或者在非直通车医疗机构出院时到县（区）政务大厅（或乡镇卫生院、合管站）办理结算。

四 大病保险补助

自 2016 年 1 月 1 日起，经新农合基本报销后自付合规费用达 3000 元以上的建档立卡贫困患者，实行分段按比例补偿。补偿标准按照实际花费不同而不同，基本上在 30 万元以下的花费，花费的越多，报销的越多。具体说来，1 万（不含）~3 万元（含）补偿 50%；3 万（不含）~5 万元（含）补偿 60%；5 万（不含）~10 万元（含）补偿 70%；10 万（不含）~15 万元（含）补偿 80%；15 万元以上补偿 90%，封顶线 30 万元。患儿童急性淋巴细胞白血病、儿童急性早幼粒细胞白血病、儿童先天性心脏房间隔缺损、儿童先天性心脏室间隔缺损、儿童先天性动脉导管未闭、儿童先天性肺动脉瓣狭窄、食管癌、胃癌、结肠癌、直肠癌、终末期肾病这 11 种大病进入大病保险的，在现行大病保险报销政策基础上提升 5 个百分点（见表 6-2）。

手续很简单，安康市直通车定点医疗机构直接办理结算；非直通车定点医疗机构出院后，符合规定的费用在各县（区）政务大厅或县（区）人寿保险支公司大厅办理结算。

五 农村医疗救助

农村医疗救助分为基本医疗住院救助和重特大疾病住院救助。基本医疗住院救助的对象为特困供养人员、最低生活保障对象、低收入救助对象（低保标准 1.5 倍，含所有建档立卡贫困户）和特定救助对象（重点优抚对象）。救助标准：医疗救助政策范围内个人自负部分不超过当地大病保险起付线的，特困供养人员给予全额救助；最低生活保障对象按照不低于 70% 的比例救助，年度累计封顶线不低于 1.5 万元不高于 1.8 万元；低收入救助对象、特定救助对象按不低于 50% 的比例救助，年度累计救助封顶线不低于 1.2 万元不高于 1.4 万元。五保、低保在定点医院住院治疗可"一站式"结算；其他对象或在非定点医院住院治疗的，持相关材料在镇（办）政府申请，镇（办）政

表6-2 灯塔村医疗扶贫明白卡

政策名称	享受对象条件	补助（贴）标准	申办流程
门诊统筹补助	参加新农合的患者	人均100元，按人定标，户内通用	凭参合本（卡）在所在地定点的乡镇卫生院、村（社区）卫生室办理补助
门诊慢性病种补助	符合门诊慢性病种管理标准的参合患者	I类病种限额3万元，补助比例80%；II类病种限额为0.36万元，补助比例70%；III类病种限额0.24万元，补助比例70%；IV类病种限额0.12万元，补助比例70%	①在参合所在镇卫生院申请并经过初审；②县（区）合疗办组织慢病鉴定小组复审；③县（区）合疗办审批同意；④凭慢性病证（卡）在县（区）内定点医疗机构直接补助（未实行直通车的在各县区政务大厅、镇合管站、镇卫生院办理）
住院补助	因大病住院的参合群众	市内镇定点卫生院不设起付线，合规费用补助100%；县定点一级医院付线600元，合规费用补助90%。市级定点二级医疗机构起付线1000元，合规费用补助70%。省级定点三级医疗机构起付线1800元，补助80%；市级定点三级医疗机构起付线3000元，补助65%；省级定点三级医疗机构起付线2000元，补助75%。省外定点三级医院起付线5000元，补助比例50%；省外定点二级医院起付线1500元，补助70%；省外定点一级医院起付线500元，补助30%。非定点医院起付线500元，补助90%	①在省、市、县（区）、镇直通车定点医疗机构出院时直接办理结算；②在非直通车医疗机构出院时到县（区）政务大厅（或乡镇卫生院、合管站）办理结算

政策名称	享受对象条件	补助（贴）标准	申办流程
大病保险补助	自2016年1月1日起，经新农合基本报销后自付合规费用达3000元以上的建档立卡贫困患者，实行分段按比例补偿	1万（不含）~3万元（含）补偿50%；3万（不含）~5万元（含）补偿60%；5万（不含）~10万元（含）补偿70%；10万（不含）~15万元（含）补偿80%；15万元以上补偿90%，封顶线30万元。患儿童急性淋巴细胞白血病、儿童急性早幼粒细胞白血病、儿童先天性心脏病间隔缺损、儿童先天性心脏病动脉导管未闭、儿童先天性肺动脉瓣狭窄、胃癌、结肠癌、直肠癌、终末期肾病这11种大病进入大病保险，在现行大病保险报销政策基础上提升5个百分点	①安康市直通车定点医疗机构直接办理结算；②非直通车定点医疗机构出院后，符合规定的费用在各县（区）政务大厅或县（区）人寿保险公司大厅办理结算
农村医疗救助	1. 基本医疗住院救助对象：特困供养人员、最低生活保障对象、低收入救助对象（低保标准1.5倍、含所有建档立卡贫困户）和特定救助对象（重点优抚对象）	救助标准：医疗救助政策范围内个人自负部分不超过当地大病保险起付线的，经医疗救助供养人员给予全额救助；最低生活保障对象按照不低于70%的比例救助，年度累计封顶线不低于1.8万元；低收入救助对象、特定救助对象按不低于50%的比例救助，年度累计封顶线不低于1.2万元不高于1.4万元	五保、低保在定点医院住院"一站式"结算；其他对象或在非定点医院住院治疗的，持相关材料在镇（办）政府申请、镇（办）政府审核公示后，报县（区）民政局审批并公示
	2. 重特大疾病住院救助对象：特困供养人员、最低生活保障对象、低收入救助对象（低保标准1.5倍、含所有建档立卡贫困户）和特定救助对象（重点优抚对象、因病致贫对象）	救助标准：医疗救助政策范围内个人自负部分超过当地大病保险起付线的，城乡居民大病保险报销后，特困供养人员给予全额救助；最低生活保障对象不低于70%的比例救助，年度累计封顶线不低于3万元不高于3.9万元；低收入救助对象按不低于50%的比例给予救助，年度累计封顶线不低于2.6万元；因病致贫对象按照30%的比例救助，年度累计封顶线不低于1.5万元不高于1.9万元	五保、低保在定点医院住院"一站式"结算；其他对象或在非定点医院住院治疗的，持相关材料在镇（办）政府申请、镇（办）政府审核公示后，报县（区）民政局审批并公示

资料来源：白河县健康医疗扶贫办公室提供。

府审核公示后，报县（区）民政局审批并公示。

重特大疾病住院救助的对象包括特困供养人员、最低生活保障对象、低收入救助对象（低保标准 1.5 倍，含所有建档立卡贫困户）和特定救助对象（重点优抚对象）、因病致贫对象。救助标准：医疗救助政策范围内个人自负部分超过当地大病保险起付线的，经城乡居民大病保险报销后，特困供养人员给予全额救助；最低生活保障对象按不低于 70% 的比例给予救助，年度累计救助封顶线不低于 3 万元不高于 3.9 万；低收入救助对象、特定救助对象按不低于 50% 的比例给予救助，年度累计救助封顶线不低于 2 万元不高于 2.6 万元；因病致贫对象按照不低于 30% 的比例救助，年度累计救助封顶线不低于 1.5 万元不高于 1.9 万元。五保、低保在定点医院住院治疗可"一站式"结算；其他对象或在非定点医院住院治疗的，持相关材料在镇（办）政府申请，镇（办）政府审核公示后，报县（区）民政局审批并公示。

第三节　灯塔村健康医疗扶贫的实施情况和案例

一　总体健康就医情况

2016 年，在抽样调查的灯塔村 60 户农户中，其中 35

户，即其中的58.3%的农户的病情得到各种不同程度的治疗。2016年，这35户在医疗健康方面总共花费541720元，平均每户花费15477.7元，其中，花费最高的150000元，最低的1000元。其中自费的部分共计258690元，占医疗花费总额的47.75%。报销部分的比例为52.25%，占总花费的一半以上（见表6-3）。

表6-3　灯塔村抽样调查样本户2016年就医费用及报销情况

单位：元

序号	治疗总费用（含报销部分）	其中自费部分
1	60000	10000
2	7500	2500
3	1440	1440
4	3000	1000
5	2000	2000
6	2000	1000
7	2000	2000
8	54000	30000
9	70000	60000
10	1440	1440
11	1000	600
12	10000	6000
13	150000	40000
14	10000	1500
15	10000	8000
16	28900	0
17	4000	800
18	1000	250
19	1440	1440
20	10000	4400
21	3000	2920

序号	治疗总费用（含报销部分）	其中自费部分
22	5000	5000
23	10000	10000
24	8000	1600
25	6000	5000
26	30000	30000
27	10000	4000
28	10000	10000
29	5000	3000
30	5000	5000
31	2000	2000
32	5000	2000
33	7000	600
34	5000	3000
35	1000	200

资料来源：灯塔村委会。

二 健康医疗扶贫效果

根据灯塔村所在的仓上镇医院的数据，2017 年 1~9 月，灯塔村在镇医院住院总人次达到 110 人次，花费医疗费用共计 292381.4 元，其中新农合报销的费用有 190926.5 元，报销费用占居民医疗费用总额的 65.3%。此外，大病保险、民政医疗救助和政府兜底保障共计报销 72280.9 元。

2017 年，灯塔村享受到医疗救助的有 12 人，其中 11 人来自一般贫困户，1 人是五保户，病情主要是骨折、腰椎间盘突出、脑梗塞、糖尿病、心脏病、食道癌、胃癌、子宫脱垂、股骨头坏死、瘫痪等，救助金额达到 17000 元（见表 6-4）。

表 6-4　灯塔村贫困户 2017 年度医疗救助计划

单位：元

序号	组别	贫困户属性	病情	救助计划
1	一组	一般	骨折、腰椎间盘突出	医疗救助 1000
2	一组	五保	脑梗塞、下肢瘫痪	医疗救助 3000
3	二组	一般	糖尿病、心脏病	医疗救助 2000
4	二组	一般	食道癌	医疗救助 1000
5	五组	一般	胃癌	医疗救助 1000
6	六组	一般	子宫脱垂	医疗救助 1000
7	七组	一般	股骨头坏死	医疗救助 1000
8	七组	一般	脑梗塞、下肢瘫痪	医疗救助 1000
9	八组	一般	骨折、瘫痪	医疗救助 1000
10	九组	一般	食道癌	医疗救助 2000
11	九组	一般	食道癌	医疗救助 2000
12	十组	一般	骨折	医疗救助 1000

资料来源：灯塔村委会。

三　健康医疗扶贫案例

案例 1

农户张青，灯塔村 6 组农民，1965 年生，52 岁。张青一家共四口人，妻子 54 岁；两个儿子，一个 25 岁，一个 28 岁。2017 年 1 月，张青意外骨折，共花费 61238 元，其中个人支付 29697.68 元，根据政策，可以获得补助 33498.96 元，另外，还可以申请医疗救助 5322 元。这样，张青一共获得补助 38820.96 元，占其总花费的 63.4%。

案例 2

农户王岩，灯塔村 7 组农民，1967 年生，50 岁。王岩一家共四口人，妻子44岁，儿子1岁，女儿11岁。
2017年王岩被查出来肾肿瘤，住院治疗共花费23395.61
元，其中自己承担了12256.99元，其他均由医疗救助资
金支付。自己承担的费用仅占总医疗费用的52.4%。

第四节 其他医疗救助创新

一 健康宣传

健康宣传具体分为两类，即预防和治疗。由于不少群
众文化程度不高，对疾病预防知识不够重视，加之手头不
宽裕，治疗不及时，小病也就拖成了大病。所以预防也是
健康医疗扶贫中的重要工作。

根据白河县仓上镇的健康医疗扶贫措施，每个贫困户都
要做到"三有三知"。"三有"就是第一要有扶贫宣传资料
袋，包括《健康知识手册》、《计生宣传手册》、合疗报销救
助明白卡、合疗四重保障机制报销宣传单、贫困人口健康服
务证和签约服务协议书；第二要有签约管理服务团队；第三
要有过程记录。"三知"就是第一要知道谁来服务；第二要知
道看病去哪里怎么看；第三要知道医疗费用怎么报销。

二 签约家庭医生团队

签约家庭医生团队主要有来自县医院的医生、镇医院的驻村医生和一名村医组成。其中镇医院的驻村医生是主要负责人，任团长，负责健康医疗扶贫工作，组织协调，整体推进。团队组成之后，要签署家庭医生协议。县医生主要针对有病患的家庭。灯塔村有 10 户因病致贫，县医生一定会深入到户，了解情况。

签约医生的主要职责有以下几个：第一，宣传健康医疗扶贫政策，每户必须有健康服务袋，健康明白卡要上墙；第二，针对每个患者制定个性化健康服务措施；第三，每月至少随访一次，要有随访记录、影像学资料，每次治疗管理手册均要有记录；第四，做好分级诊疗工作，降低医疗花费；第五，要和贫困户建立联系，认识每一位帮扶对象，让帮扶对象对健康医疗扶贫工作满意。

村医的主要任务是负责村级贫困人口签约服务、随访、资料整理、归档。基本上，每个村子都保证 1 名村医进入团队。

为了实现健康医疗扶贫、签约医生的可持续发展，对于镇医院的下村医生，一天补助 50 元，完成规定的基本任务后，在职称晋升方面会有一定的倾斜，但是如果不能完成会有一定的惩罚，以此来保证脱贫工作整体推进。

三 其他小措施

1.小药箱

健康医疗扶贫工作人员在调研的过程中发现农村的病人和老年人普遍存在的问题是记不住如何吃药，或者总是忘记吃药，或者害怕吃多了反而坏事索性不吃，这样或是导致疗效不好，或是造成病情反复。即便是医药费能报销，最后也都浪费掉了。针对农村居民的这些看不清看不懂说明、不识字、视力模糊、记忆力差等问题，灯塔村所在的仓上镇给每户配发一个小药箱，药箱上标上标签，说明每天如何吃药，吃多少（见图6-1）。这个方法对于高血压糖尿病这种需要长期服药的病人尤其有效。

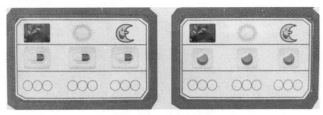

图6-1 药箱标签

注：太阳代表中午，月亮代表晚上；避免漏服多服错服。

（任晓娜拍摄，2017年4月）

2.顺口溜

除了小药箱，医务工作者还编了一些针对预防和治疗慢性病的顺口溜，教给农民，对于防治慢性病很有作用。有些常见的疾病，是可以通过日常生活中的饮食和锻炼去预防的，而大多群众对如何去"防"知之甚少。如果忽视预防，"治"就是不得已的选择了。

仓上中心卫生院王重阳医师在入户开展健康医疗扶贫工作的过程中，结合家庭医生签约服务，根据每位患病群众的具体情况和需求，编出通俗易懂、便于记忆的顺口溜医嘱，比如针对高血压糖尿病患者，他的处方是："少吃盐、少吃肉，油炸甜食要忌口，饭后慢步走一走，平和心态记心头，凡事宜慢不宜快，快乐健康人长寿。针对食管患者他叮嘱：少吃油腻多鱼虾，流食高枕睡眠佳；半枝莲来作保健，百花蛇舌草泡茶……"

这种浅显易懂、民谚俗语式的医嘱，解决了过去群众看不懂专业术语医嘱的难处，让群众在日常生活中知道怎么注意饮食、如何通过运动来预防疾病，也让患者感到温暖。王重阳医师常对群众这样说："能吃药好的病决不打针，能预防的病决不开药。"

随着签约家庭医生团队工作的展开，这些顺口溜和一些民谚俗语也在灯塔村推广开来。

3．中医方法

灯塔村的村民，尤其贫困户人员，每家都有一本《健康知识手册》。这本书是白河县卫生和计划生育局印制的，内容包含健康生活方式倡导、高血压疾病防治与日常保健、冠心病的预防与日常保健、糖尿病的防治、慢性支气管炎的预防和治疗、老年人及妇女儿童的健康知识、传染病的防治知识、公共场所卫生知识、学校卫生知识、职业病防治、生活饮水卫生等各种知识。

其中比较关注中医偏方的使用，比如泡银杏叶水治疗高血压，穴位疗法治疗耳鸣和尿频，八段锦养生操。这些方法成本低，且体现了在灯塔村本地就地取材的易于推广性，重在预防，很好地普及了养生知识。

第五节　对灯塔村健康医疗扶贫的思考

一　方式多种多样，注重细节，强调可操作性

灯塔村所在的仓上镇和白河县，医务工作人员在实际调研和工作实践中发现了一些小问题，比如农村老人吃药问题、一些长期慢性病的治疗问题，都采取了灵活的手段。这些措施容易实施并且能针对性地解决问题，非常灵活。另外，灯塔村委会外面的小黑板上会定期更新老人、妇女儿童的保健知识。黑板放在显眼的地方，每一位到村委会的人都会看到。这些措施是在调研之后结合当地情况提出来的，是在政策中无法体现出来的创新。

二　健康医疗扶贫要关注预防，预防和治疗相结合，但是需要拓宽渠道，让医生回归到治疗领域

有文献认为预防医疗已成为当前人民健康的普遍需求。随着人们社会生活方式的改变、环境污染的日益严重

以及人口老龄化程度的加快，肿瘤、心脑血管疾病、糖尿病、慢性呼吸系统疾病等慢病发病率逐年上升，成为我国乃至世界范围人类健康所面临的重大挑战，经济高速发展的同时带来了慢病的高发。灯塔村的情况也反映出这些慢性病是困扰村民健康的重要原因。

灯塔村目前健康医疗扶贫的任务主要集中在"签约医生团队"。在访谈过程中得知，医生除了担负沉重的医疗任务外，还要担负预防保健的工作，这些工作其实严重占用了医生的精力和时间。如果能够拓宽渠道，会让健康医疗扶贫的效果更好。比如可以提倡亲邻相帮，倡导社会义工服务。

三 还要拓展救助渠道，尽力减少看病负债，开展心理干预，送上马扶一程

因病致贫、因病返贫户，因为长期患病而为看病背负了一些债务。各地应积极探索联合救助机制，不断完善救助制度，在核查因病致贫家庭医疗票据、核实治疗费用的基础上，通过新农合和大病保险累计结余资金报销、民政救助、各级财政筹集、动员帮扶部门单位捐助等途径，逐年分次消化解决其就医债务，使他们早日摆脱贫困。有的贫困户虽然病好了，但是就医债务缠身，日子过得很不轻松，往往捉襟见肘、左支右绌。对这样的贫困户，当地要积极帮助其发展产业或带动其就业增收，逐步减轻就医债务负担。

还要开展心理干预，减轻思想精神压力。调研中，我们发现，因病致贫特别是因病返贫户或个体，不仅不少，而且他们普遍存在丧失生活信心的现象。有条件的地方，应开展心理干预，通过"一对一"辅导、"一对一"谈心、面对面交流等形式，加强与帮扶对象的情感沟通，进行心理干预，减轻他们的思想负担和精神压力，使他们重获"美好的心情"，重获自尊、自强、自立的勇气，树立对未来生活的坚定信心，进而在外界的帮扶下早日摆脱贫困。

四　强化机构队伍，完善扶贫机制，实现健康医疗扶贫的可持续发展

加强乡村医疗机构建设，实现贫困村卫生室建设全覆盖，实现健康医疗扶贫的可持续发展。倡导送医送药到村社，解决行动不便老年人和留守妇女儿童的就医问题。乡村医疗机构应当在乡村老年病医疗、康复医疗、医养结合、家庭病床、临终关怀等方面有所作为。继续充实乡镇卫生院卫生技术人员，为乡镇卫生院和乡村卫生服务中心配备全科医生，并提升他们的服务能力和水平。还应提高贫困村乡村医生待遇，在职称评定等方面给予倾斜。这样，保证医务人员能够有热情有底气长期服务于农村一线。

五　健康医疗扶贫要实现动态调整，使得真正贫病居民受益

精准扶贫中健康医疗扶贫更应精准。但是由于多种因

素，存在医疗扶贫对象识别不够准的问题。因为对因病致贫返贫对象的识别全国都缺乏科学认定的统一标准和方法，所以，一些本应享受健康医疗扶贫各项政策的居民被排除在外。另外，生病是一个持续变化的过程，一些居民原来生病，现在好了；还有一些原来没有问题，现在生病了。中央一再强调对扶贫对象实施"动态调整"，这是很有必要的，也只有这样才能使"富人入围，穷人掉榜"的现象得以纠正，那些真正急需医疗服务的贫病居民的权利才能得到保障，有限的医疗扶贫资源也才能发挥真正作用。

第七章

就业创业扶贫

第一节 灯塔村村民务工情况

在灯塔村进行的 60 户抽样调查问卷中，有 95 名适龄劳动力在不同地方务工，其中在乡镇内务工、在乡镇外县内务工、在县外省内务工和省外务工的各占 42.1%、5.3%、38.9% 和 13.7%（见表 7-1）。老年人、妇女和孩子多在本地务农、上学及其他。

表 7-1 灯塔村抽样调查样本 2016 年务工情况

单位：人，%

务工地点	乡镇内务工	乡镇外县内务工	县外省内	省外务工
人数	40	5	37	13
百分比	42.1	5.3	38.9	13.7

根据 2017 年《白河县引导劳务输出脱贫工作实施方案》，围绕提高有组织化输出、能人带动输出、创建劳务基地等帮扶措施，促进和引导贫困村劳动力实现充分就业，提高劳务收入。各镇、村及相关部门，要通过媒体、进村入户、上门宣讲等方式广泛宣传劳务增收的重要意义，鼓励和支持贫困户中有劳动能力的人员外出务工，增加劳务收入。为确保引导劳务输出脱贫工作落到实处，成立县引导劳务输出脱贫工作领导小组，抓好劳务输出工作的落实和管理，建立健全贫困村劳动力资源和劳务输出人员明细台账，为实现引导劳务输出脱贫提供准确依据，另外相关部门还要广泛宣传政策，把引导劳务输出与扶持政策结合起来，把引导劳务输出脱贫工作纳入各镇相关脱贫工作的工作考核。

第二节　灯塔村贫困人口的劳务输出情况

2016 年，灯塔村贫困户 203 户，涵盖贫困人口 585 人，其中普通劳动力 285 人，其余为无劳动力或者丧失劳动力。普通劳动力中，在乡镇内务工的 3 人，乡镇外县内务工的 10 人，县外省内务工的 116 人，占了绝大多数，省外务工 16 人，创业 8 人，剩下的属于其他情况。

一　乡镇内务工

乡镇内务工的贫困人口数目不多，只有 3 人，文化程度是小学，都来自一般贫困户，致贫原因是缺资金、因病和缺劳动力，其中两个健康，一个患有长期慢性病，每年工作的时间分别为 2 个月、1 个月和 6 个月，如表 7-2 所示。

表 7-2　灯塔村贫困人口 2016 年乡镇内务工情况

序号	性别	年龄（岁）	文化程度	健康程度	务工时间（月）	贫困户类型	贫困原因	月纯收入（元）
1	男	43	小学	健康	2	一般贫困户	缺资金	2871
2	男	48	小学	长期慢性病	1	一般贫困户	因病	3525
3	女	35	小学	健康	6	一般贫困户	缺劳动力	2225

资料来源：灯塔村贫困户信息列表。

二　乡镇外县内务工

灯塔村贫困人口在乡镇外县内务工的有 10 人，其中 2 名女性，8 名男性，平均年龄 44.2 岁，除了两名患有长期慢性病外，其他均身体健康，都是一般贫困户，目前尚未脱贫，贫困原因其中 4 名是自身发展动力不足，2 名因学，其他为缺少劳动力、缺资金、因病、因残（见表 7-3）。

表7-3　灯塔村贫困人口2016年乡镇外县内务工情况

序号	性别	年龄（岁）	文化程度	健康程度	务工时间（月）	贫困户类型	贫困原因	月纯收入（元）
1	女	23	初中	健康	4	一般贫困户	自身发展动力不足	2850
2	男	51	小学	健康	2	一般贫困户	自身发展动力不足	2850
3	男	29	初中	健康	0	一般贫困户	自身发展动力不足	2850
4	男	56	小学	健康	4	一般贫困户	缺劳动力	2260
5	男	42	小学	健康	2	一般贫困户	因学	2764
6	男	55	小学	健康	3	一般贫困户	缺资金	2390
7	男	52	小学	慢性病	4	一般贫困户	因学	2108
8	男	51	小学	健康	5	一般贫困户	因病	2547
9	男	57	小学	慢性病	3	一般贫困户	自身发展动力不不足	2750
10	女	26	小学	健康	6	一般贫困户	因残	2629

资料来源：灯塔村贫困户信息列表。

三　县外省内务工

灯塔村贫困人口中普通劳动力有285人，其中116人在县外省内务工，约占贫困人口劳动力总数的41%。在县外省内务工的劳动力比较年轻，平均36.3岁，16人因为交通条件落后致贫，7人因为缺少必要的技术致贫，7人因为缺少劳动力致贫，16人因为缺少资金致贫，38人因病因残致贫，18人因学致贫，12人因为自身发展动力不足致贫，2人因灾致贫（见表7-4）。

表 7-4 灯塔村贫困人口 2016 年县外省内务工情况

序号	性别	年龄（岁）	文化程度	健康程度	务工时间（月）	贫困户类型	贫困原因	月纯收入（元）
1	男	40	小学	健康	3	一般贫困户	交通条件落后	1741
2	男	48	小学	健康	0	一般贫困户	自身发展动力不足	2975
3	男	48	小学	健康	2	一般贫困户	因学	2215
4	男	33	小学	健康	4	一般贫困户	因病	2015
5	男	30	大专及以上	健康	0	一般贫困户	因学	2466
6	男	38	小学	健康	4	一般贫困户	自身发展动力不足	2435
7	男	34	小学	健康	4	一般贫困户	自身发展动力不足	2435
8	男	51	小学	健康	4	一般贫困户	缺劳动力	2550
9	女	46	小学	健康	4	一般贫困户	因学	2476
10	男	34	小学	健康	0	一般贫困户	因病	2687
11	男	44	小学	长期慢性病	0	一般贫困户	交通条件落后	2500
12	男	37	初中	健康	2	一般贫困户	自身发展动力不足	2000
13	女	35	初中	健康	2	一般贫困户	自身发展动力不足	2000
14	男	42	小学	健康	3	一般贫困户	交通条件落后	2100
15	男	23	高中	健康	0	一般贫困户	交通条件落后	2100
16	男	52	初中	健康	0	一般贫困户	缺技术	2302
17	女	33	小学	残疾	0	一般贫困户	因病	2564
18	男	39	小学	长期慢性病	1	一般贫困户	因病	2433
19	男	19	小学	健康	0	一般贫困户	因残	3717
20	男	30	小学	健康	2	一般贫困户	缺资金	2500
21	女	28	初中	健康	2	一般贫困户	缺资金	2500
22	女	21	小学	健康	1	一般贫困户	因病	2800
23	男	36	小学	健康	3	一般贫困户	缺劳动力	2692
24	男	40	小学	健康	4	一般贫困户	缺劳动力	2594
25	男	50	小学	健康	4	一般贫困户	交通条件落后	2580
26	男	44	小学	健康	3	一般贫困户	缺劳动力	1408
27	男	21	初中	健康	0	一般贫困户	缺资金	2390
28	女	25	高中	健康	4	一般贫困户	缺资金	2390
29	男	37	小学	健康	3	一般贫困户	交通条件落后	2100

序号	性别	年龄（岁）	文化程度	健康程度	务工时间（月）	贫困户类型	贫困原因	月纯收入（元）
30	男	29	初中	健康	2	一般贫困户	因学	1875
31	男	47	小学	健康	4	一般贫困户	因学	2500
32	男	38	小学	健康	4	一般贫困户	因残	2139
33	男	37	小学	健康	4	一般贫困户	自身发展动力不足	2200
34	男	44	小学	健康	4	一般贫困户	因学	1167
35	男	26	大专及以上	健康	3	一般贫困户	因学	1167
36	男	46	初中	健康	3	一般贫困户	交通条件落后	2315
37	女	48	初中	健康	3	一般贫困户	交通条件落后	2315
38	男	24	大专及以上	健康	0	一般贫困户	交通条件落后	2315
39	男	50	小学	健康	4	一般贫困户	因学	2450
40	男	39	小学	健康	3	一般贫困户	因学	2001
41	男	40	初中	健康	2	一般贫困户	因病	2300
42	女	43	小学	健康	0	一般贫困户	缺劳动力	2750
43	男	51	小学	长期慢性病	0	一般贫困户	缺资金	2482
44	男	27	小学	健康	4	一般贫困户	缺资金	2482
45	男	58	小学	健康	4	一般贫困户	缺技术	2673
46	男	34	小学	健康	4	一般贫困户	缺技术	2673
47	男	57	小学	长期慢性病	0	一般贫困户	因病	2813
48	男	24	小学	健康	2	一般贫困户	因病	2813
49	男	26	小学	健康	2	一般贫困户	因病	2813
50	男	40	小学	健康	0	一般贫困户	自身发展动力不足	2280
51	男	30	初中	健康	4	一般贫困户	因病	2267
52	男	42	小学	健康	2	一般贫困户	缺资金	2475
53	男	40	小学	健康	2	一般贫困户	缺资金	2475
54	男	27	初中	健康	3	低保贫困户	因病	2017
55	男	28	小学	健康	3	一般贫困户	缺资金	2833
56	男	49	小学	健康	3	一般贫困户	因学	2645
57	男	25	初中	健康	0	一般贫困户	因学	2645

序号	性别	年龄（岁）	文化程度	健康程度	务工时间（月）	贫困户类型	贫困原因	月纯收入（元）
58	男	27	初中	健康	2	一般贫困户	因病	2547
59	女	25	初中	健康	2	一般贫困户	因病	2547
60	男	33	小学	健康	4	一般贫困户	因病	2310
61	男	48	小学	健康	2	一般贫困户	因病	2420
62	男	27	小学	长期慢性病	0	一般贫困户	因病	2420
63	男	39	小学	健康	1	一般贫困户	自身发展动力不足	2117
64	男	24	小学	健康	2	一般贫困户	因残	2048
65	男	48	小学	健康	2	五保贫困户	缺资金	2105
66	男	36	小学	健康	1	一般贫困户	因学	2703
67	男	61	小学	健康	4	一般贫困户	缺资金	3875
68	男	38	初中	健康	0	一般贫困户	缺资金	3875
69	女	35	初中	健康	0	低保贫困户	因病	2412
70	男	27	小学	健康	3	低保贫困户	因病	2267
71	男	30	高中	健康	4	一般贫困户	交通条件落后	2765
72	女	28	初中	健康	4	一般贫困户	交通条件落后	2765
73	男	57	高中	健康	4	一般贫困户	交通条件落后	2800
74	男	28	初中	健康	0	一般贫困户	交通条件落后	2800
75	男	60	初中	健康	4	低保贫困户	缺劳动力	2458
76	男	27	大专及以上	健康	0	一般贫困户	因病	3525
77	男	49	小学	健康	2	一般贫困户	因学	2000
78	男	38	小学	健康	4	一般贫困户	因残	2367
79	男	29	小学	健康	4	一般贫困户	因病	2193
80	男	28	小学	健康	1	一般贫困户	缺资金	2703
81	男	45	小学	健康	4	一般贫困户	因学	2785
82	男	24	小学	健康	4	一般贫困户	因学	2785
83	男	46	小学	长期慢性病	3	一般贫困户	缺资金	2784
84	男	23	高中	健康	0	一般贫困户	缺资金	2784
85	男	47	小学	健康	0	一般贫困户	自身发展动力不足	2762
86	男	30	小学	健康	3	一般贫困户	自身发展动力不足	2762

序号	性别	年龄（岁）	文化程度	健康程度	务工时间（月）	贫困户类型	贫困原因	月纯收入（元）
87	男	37	小学	健康	3	一般贫困户	因病	2136
88	男	26	初中	健康	6	一般贫困户	因病	2784
89	女	24	初中	健康	6	一般贫困户	因病	2784
90	男	31	初中	健康	6	一般贫困户	因病	2750
91	男	29	初中	健康	6	一般贫困户	因残	2712
92	男	54	小学	长期慢性病	6	一般贫困户	因病	2737
93	男	28	初中	健康	0	一般贫困户	因病	2737
94	男	27	初中	健康	6	一般贫困户	因残	2629
95	男	44	初中	健康	8	一般贫困户	因灾	2533
96	男	19	初中	健康	8	一般贫困户	因灾	2533
97	女	40	小学	健康	8	一般贫困户	缺劳动力	2650
98	男	44	初中	健康	8	一般贫困户	缺资金	2370
99	男	29	初中	健康	8	一般贫困户	因病	2750
100	男	26	初中	健康	8	一般贫困户	因病	2750
101	男	37	初中	健康	8	一般贫困户	因学	2700
102	男	40	小学	健康	8	一般贫困户	因病	2695
103	男	55	初中	长期慢性病	2	一般贫困户	因病	2333
104	男	48	小学	健康	8	一般贫困户	因学	4761
105	男	49	小学	健康	0	一般贫困户	缺技术	0
106	女	28	小学	健康	0	一般贫困户	缺技术	0
107	男	51	初中	健康	4	一般贫困户	交通条件落后	2067
108	男	27	初中	健康	4	一般贫困户	交通条件落后	2067
109	男	24	初中	健康	2	一般贫困户	因病	2456
110	男	33	初中	健康	4	一般贫困户	因学	2050
111	男	25	小学	健康	3	一般贫困户	因病	2400
112	男	47	小学	健康	3	一般贫困户	交通条件落后	3100
113	男	28	高中	健康	2	一般贫困户	自身发动动力不足	2012
114	男	27	高中	健康	2	一般贫困户	自身发展动力不足	2012
115	男	22	小学	健康	3	一般贫困户	缺技术	2010
116	女	26	初中	健康	4	一般贫困户	缺技术	2607

资料来源：灯塔村贫困户信息列表。

四 省外务工

灯塔村贫困人口中普通劳动力有 285 人,其中在省外务工的有 16 人,都身体健康,平均年龄 41 岁,都是未脱贫的一般贫困户,其中缺资金和技术的有 6 人,缺劳动力的 2 人,因病因残致贫的 4 人,因学致贫的 4 人,如表 7-5 所示。

表 7-5　灯塔村贫困人口 2016 年省外务工情况

单位:岁,元

序号	性别	年龄	文化	健康程度	贫困户类型	贫困原因	月纯收入
1	男	57	小学	健康	一般贫困户	缺资金	2290
2	男	47	小学	健康	一般贫困户	缺资金	2290
3	男	28	高中	健康	一般贫困户	缺技术	2302
4	女	27	大专及以上	健康	一般贫困户	缺技术	2302
5	男	54	小学	健康	一般贫困户	因残	3717
6	男	34	初中	健康	一般贫困户	因残	2175
7	男	39	初中	健康	一般贫困户	因学	2708
8	男	23	文盲或半文盲	健康	一般贫困户	因病	2773
9	男	47	小学	健康	一般贫困户	缺劳动力	2750
10	男	39	小学	健康	低保贫困户	因病	2500
11	男	55	小学	健康	一般贫困户	缺劳动力	3390
12	男	36	小学	健康	一般贫困户	因学	2764
13	男	48	小学	健康	一般贫困户	缺资金	3770
14	男	37	小学	健康	一般贫困户	缺资金	2588
15	男	48	小学	健康	一般贫困户	因学	2217
16	女	38	小学	健康	低保贫困户	因学	2788

资料来源:灯塔村贫困户信息列表。

第三节 就业创业支持政策

根据 2017 年《白河县引导劳务输出脱贫工作实施方案》中提出的"创新贷款方式，加大创业扶持力度"，将创业担保贷款向农村特别是贫困村创业者倾斜，积极探索抵押担保贷款方式，简化贫困人员创业反担保手续，鼓励镇村干部、包联干部、驻村干部为贫困村创业人员提供担保，促进贫困人员积极创业，并带动就业。

《白河县 2017 年就业脱贫工作实施方案》指出："鼓励贫困劳动力自主创业"，对于有创业意愿的贫困劳动力优先安排免费创业培训，享受创业担保贷款政策。贫困劳动力创办的经济实体取得法定证件、依法经营 6 个月以上的，给予创业贫困劳动力 3000 元一次的创业补贴，并重点提供后续跟踪服务。创业培训补贴和一次性创业补贴所需要资金从就业补助资金列支。创办个体工商户的最高可享受 10 万元创业担保贷款，合伙企业的最高可享受 50 万元创业担保贷款，财政给予全额贴息。支持贫困村创建创业担保贷款信用村，创业担保信用村要优先推荐贫困劳动力申请创业担保贷款，并免除反担保手续。

另外，《白河县 2017 年就业脱贫工作实施方案》还提出要"创新全民创业模式"，推行"党支部 +X+ 贫困户"精准脱贫模式，鼓励本地群众创业兴业、外出返乡人员创业、外来人员投资兴业，鼓励能人大户通过合作、入股、劳务等方式流转土地、组建合作社、成立劳务组织，吸收、组织和带领贫困户增收脱贫。

一 残疾人自主创业扶持政策

扶持对象主要有以下几种。一是在城镇从事个体经营实现就业并取得《个体工商户营业执照》一年以上的残疾人。二是对进入市场或其他经营场所，从事个体经营或由街道（乡镇）、社区安排，在社区内从事个体经营和便民服务的残疾人。三是技能竞赛的获奖选手，符合以下四种任意一条：①在国际残疾人职业技能竞赛中获得奖牌的选手；②在全国残疾人职业技能竞赛中获得前两名的选手；③在全省残疾人职业技能竞赛中获得第一名的选手；④获得省级以上"自强模范"称号的残疾人。符合上述条件的残疾人自主创业可以得到一次性扶持资金5000元。

申请程序是申报人填写申请表及有关材料向县（区）残联提出申请；县级残联会同同级财政部门初审公示后，联合报市级残联、市财政；市级残联会同市财政部门对县（区）上报的扶持项目复审（审核、评估）后，填写《陕西省残疾人自主创业扶持项目统计表》联合上报省残联；最后，对于符合扶持条件的项目，省残联报省财政厅审核后，下达扶持资金预算。

二 首次创业奖补

补贴对象主要是法定劳动年龄内，2015年1月1日后在白河县内注册的个体工商户、企业或者个体工商户转型升级为独立核算的法人企业，政策经营6个月以上。补助的标准是：首次依法注册的个体户，补贴 2000 元，其中三级以上残疾人创业的，再从县创业促就业资金中补贴 1000 元；独立法人吸纳登记失业人员 2~8 人，每户奖补 5000 元，其中吸纳失业人员 8 人以上，每户奖补 1 万元。

申请程序是：首先本人递交申请及相关资料，镇市场监督管理所初步审核，县市场监督管理局审核，县人社局复核，然后公示，以"一折通"发放。

三 商标品牌发展奖补

这类补贴对象主要针对近年来获得注册商标的市场主体。对于获得国家驰名商标、省级著名商标、市级知名商标的分别给予 10 万元、5 万元和 1 万元的奖补，每获得一个注册商标从创业促就业专项资金中给予 5000 元奖补。

申请程序是：首先本人申请，镇市场监督管理所初步审核，县市场监督管理局审核，县人社局复核，然后公示，以"一折通"发放。

四 创业担保贷款

这个政策针对的对象主要包括在法定劳动年龄内，就业困难人员、复原退役军人、高校毕业生、返乡人员、残疾人等各类创业人员和合伙经营的经济实体。给予的扶持是对于个人创业贷款额最高不超过 10 万元，合伙企业或者组织起来就业创办的经济实体贷款额度最高不超过 50

万元，期限不超过 2 年。

申请程序是：个人申请，镇（基层劳动保障事务所）初审、初核，然后县创业贷款办公室抽查人核查、审核，最后经银行审核后发放。

第四节　灯塔村贫困人口创业情况

截至 2016 年，灯塔村创业的贫困人口有 8 位，他们都是一般贫困户，因学致贫的 1 位，发展动力不足的 1 位，因病致贫的 4 位，因残致贫的 1 位，因缺少资金致贫的 1 位。目前，他们在不同领域中进行创业（见表 7-6）。

表 7-6　灯塔村贫困人口 2016 年创业情况

单位：岁，元

序号	性别	年龄	文化水平	健康程度	贫困户类型	贫困原因	月纯收入
1	女	48	小学	长期慢性病	一般贫困户	因学	2215
2	男	51	小学	健康	一般贫困户	发展动力不足	2075
3	男	41	小学	健康	一般贫困户	因病	2564
4	男	43	小学	残疾	一般贫困户	因病	2800
5	男	28	初中	健康	一般贫困户	缺资金	2237
6	女	25	大专	健康	一般贫困户	因病	2700
7	男	50	小学	长期慢性病	一般贫困户	因病	2275
8	男	34	初中	残疾	一般贫困户	因残	2545

资料来源：灯塔村贫困户信息列表。

第五节　其他补贴情况

一　公益性岗位补贴

对于贫困劳动力和就业困难的人员，可以给予岗位补贴每人每月 500 元，补贴不超过 3 年。申请程序是：首先用人单位申请，然后县人社局审批，再确定上岗人员签订合同，最后发放补贴。

2017 年灯塔村就有 1 名贫困人口成为河道保洁员，成功脱贫（见表 7-7）。

表 7-7　2017 年仓上镇河道保洁员管理员雇用情况

序号	村别	性别	是否贫困户	健康状况
1	仓坪村	女	是	健康
2	裴家村	男	是	健康
3	天宝村	女	是	健康
4	槐坪村	男	是	健康
5	灯塔村	女	是	健康

资料来源：仓上镇政府。

二　高校毕业生见习补贴

对于本省生源的应届毕业生和毕业 2 年内未就业的全日制普通院校大专以上毕业生，每人每月给予 1000 元的见习补贴，补贴期限最长不过超过 6 个月。

　　申请程序是：先是用人单位申请，然后县人社局审核，就可以发放到见习单位了。

三　就业培训

　　在灯塔村抽样调查的 60 户村民中，其中只有 5 户接受过一些专门的培训，主要集中在种地、核桃园管理、养殖、核桃种植技术、核桃树种植方面，时间分别为 18 天、30 天、7 天、30 天和 10 天。在这 5 个人中，只有 2 个人实现了比较稳定的就业。

第六节　灯塔村就业创业扶贫的思考

一　加大政策宣传力度和效果

　　灯塔村就业政策存在"一纸文件"的现象，宣传的方式仅限文件，没有将走访入户、送政策上门等要求落到实处，导致政策宣传流于形式，效果不明显，贫困劳动力对政策的知晓率较低。另外，贫困劳动力缺乏明晰的就业创业方向。大多数贫困劳动力虽然有就业创业的意愿和能力，但受自身条件和外部信息不对称等因素的影响，致使其对自身就业创业的定位不明晰，在一定程度上抑制了其就业创业的积极性，也增加了就业创业扶贫的难度。灯塔村农民就业还是主要依靠口耳相传、私人关系等传统方式自己在外边寻找一些就业机会。

将政策宣传作为特岗员考核的重要内容，增加考核权重。进一步加大政策宣传督查力度，由就业创业工作业务指导队深入贫困户家中对政策宣传情况进行抽查。同时，采取印制宣传画等形式，使政策宣传和实用性相结合，不断提高政策知晓率。

二 提高就业创业扶贫工作人员的业务素质，积极引导贫困人口寻找就业途径

虽然文件有很多关于职业培训和就业转移的内容，但是在灯塔村抽样调查的 60 户村民中，只有 5 户有接受过就业培训，培训的内容又大多集中在种植业。另外，大多数贫困劳动力获取用工信息仍以亲朋邻里介绍工作为主，且多是以临时性、季节性打工为主，转移就业不持续、不稳定。主要原因一方面是公共职业介绍没有真正渗透到最基层，没有将用工信息真正送到贫困劳动力手中，导致其难以及时有效地获取用工信息；另一方面是贫困劳动力虽然通过职业介绍获取了用工信息，但受空间、组织以及内心的不确定性等因素影响，难以实现转移就业。

提高就业创业扶贫工作人员业务素质。在市、区（县）

两级就业管理部门选拔一批业务能力强、综合素质高的工作人员成立就业创业工作业务指导队，分乡镇对农村人力资源特岗员进行业务培训。培训过程中，增加一些鲜活的事例，通过案例分析，帮助一线工作人员更好地掌握和理解政策，提高其灵活运用政策的能力和水平。同时，建立农村人力资源特岗员考核激励机制，激发其工作积极性。

另外，要不断加大基层有关就业管理人员的管理力度，将职业介绍作为他们考核的重要内容，通过就业管理人员定期将用工信息直接送到贫困劳动力家中或贫困劳动力手中。同时，积极发挥民营职业介绍机构的灵活性，鼓励引导其参与贫困劳动力的职业介绍活动。此外，采取在劳务输出地推广劳务经纪人、在劳务输入地设立劳务代表等方式，强化劳务输出的组织性，打通贫困劳动力转移就业的"最后一公里"，实现转移就业零距离对接，使转移就业成为脱贫致富的有力支撑。

第八章

金融扶贫

第一节 白河县金融扶贫的主要政策与机制

党的十八届五中全会制订了国民经济发展的第十三个"五年计划",并对全面建成小康社会提出了新的目标要求。新目标要求到 2020 年农村贫困人口实现脱贫,贫困县全部摘帽,解决区域性整体贫困。[①] 会议同时提出要实现"十三五"时期的奋斗目标必须坚持"创新、绿色、协调、开放、共享"的发展理念。共享发展就是坚持发展为了人民、发展依靠人民、发展成果由人民共享,做出更有效的制度安排,使全体人民在共建共享中有更多获得感,

---

① http://news.xinhuanet.com/politics/2015−10−29/c_1116983078.htm.

会议要求实施脱贫攻坚工程，精准扶贫、精准脱贫。[①] 脱贫攻坚，金融先行。在十八届五中全会结束后的第一个中央工作会议——中央扶贫开发工作会议上，习近平总书记提出要做好金融扶贫这篇文章，加快农村金融改革创新步伐。[②] 金融扶贫，势在必行。白河县位于陕西省东南部、大巴山东段，域内谷狭沟深、崎岖陡峭、可耕垦土地极少，经济落后，属于国家级深度贫困县。长期以来，白河县金融市场发展缓慢、金融产品匮乏、市场供给资金不足，农户和企业贷款难、贷款贵的问题层出不穷，资金问题成为限制白河县脱贫的拦路虎。在脱贫攻坚这场战役中，白河县为确保到 2020 年实现农村贫困人口全面脱贫，在金融扶贫领域进行了大胆尝试和金融创新。在每一行政村集体建立由财政扶持的扶贫互助资金协会，在部分乡镇进行扶贫资金股权收益试点，创新小额信贷模式，建立扶贫开发投资有限公司。

一 政策性金融与普惠金融

金融机构的趋利性决定了我国广大农村地区金融市场的不健全，农户和从事农业生产经营活动的企业的金融需求长期得不到满足，金融匮乏进一步限制了我国农村经济的发展。要实现农村地区贫困人口的全部脱贫，变原来的"输血"模式为"造血"模式，推动农村可持续发展，这

[①] http://news.xinhuanet.com/politics/2015-10/29/c_1116983078.htm.

[②] http://news.xinhuanet.com/politics/2015-11/28/c_1117292150.htm.

势必要求改善农村金融市场环境，加强农村金融市场的供给侧改革，满足农业、农村、农民的生产经营活动的金融需求。

白河县的农村金融需求长期得不到满足。在精准扶贫以前，许多有志于在家乡创业的劳动青年因缺乏创业启动资金而不得不外出务工；村镇要发展旅游产业，但基础设施建设需要大量的资金投入使得大家望而却步。实际上，造成白河县农村贫困人口众多的原因很难用教育、健康、家庭等单一因素来衡量，应该是受地理位置和自然资源的限制造成的农村广泛的贫穷。要从根本上解决白河贫困的面貌，就要在当地建立一个可持续健康发展的市场经济。一直以来，金融市场的匮乏限制了这一市场的建设，尤其是自20世纪90年代以来，中国市场经济的繁荣更是促使资本向经济活跃的地区转移，地区差异逐渐拉大，白河县成为一个对外劳务输出的大县，本地年轻人口主要在外地就业。在本地形成了"金融抑制"的现象。

破解农村金融困局，单靠市场的力量是做不到的，必须发挥政策性金融和普惠金融的作用弥补金融市场的缺失。农村金融市场的建设主要有三种方式：引导金融机构进入农村市场；建立政策性金融机构；发展农民互助性金融。[1] 在脱贫攻坚的这场战役中，白河县逐渐搭建起一个多层次全方位的政策性金融市场，助力脱贫攻坚。

---

[1] 郭庆海：《金融资本的趋利性与农村金融市场建设》，《农业科技管理》2005年第5期。

二 白河县农村互助资金协会

1.农村互助资金协会的基本介绍

农村互助资金协会是在行政村一级建立由村民自我管理、自我监督、自我服务,以满足本集体成员的金融需求为目的的微型金融组织。白河县以财政扶贫资金为引导,以村民自愿按一定比例缴纳的互助资金为依托,在贫困村建立互助资金协会。互助资金中财政资金及其增值部分归所在行政村的全体村民所有,村民缴纳的互助资金归其本人所有。互助资金以股份形式分配给互助组织成员,财政扶贫资金以向贫困农户赠送股权和向一般农户配送股权的形式将使用权交给村民。互助资金的使用权属互助组织全体成员所有。

互助资金在互助协会内封闭运行,有借有还、周转使用、滚动发展、利益共享、风险共担。协会对资金的使用有着严格的管理,只允许本协会会员且加入联保小组的成员使用,互助资金借款期限最长为一年。一般按缴纳互助金 500 元的,可申请借款 5000 元;缴纳互助金 2000 元的,可申请借款 20000 元的规模发放借款。可整借零还,按期收回借款本金及占用费后,继续安排再借计划。互助资金借款坚持优先发放期限短、额度小的借款,优先发放贫困户借款;严禁"垒大户",即直接借给少数农户或富裕户,或以几户的名义借款一个人使用和偿还。

互助资金贷款发放程序为:根据互助资金贷款发放程序,对于有贷款需求的农户来说,在加入扶贫互助协后，即可申请借款，在获得本人所属的联保小组担保后，扶贫互助协会理事会成员便会对该申请进行审核，审核通过并公示后，申请借款的农户就会与互助协会签订借款合同，互助协会开具转账票据或办理存折将借款交给农户使用，一般不通过现金交易（见图8-1）。该程序简单快捷，且不需要借款农户提供抵押物，适应了农户的需要。

互助资金管理运行中可收取适当资金占用费，供正常管理运行开支。借款占用费率不得高于同期银行一年期贷款基准利率。

2. 农村互助资金协会的基本运行情况

白河县以各行政村为单位的互助资金协会虽然成立时间较短，但已形成具有一定规模的资金借用市场。以新成立的红花、槐坪两个行政村互助资金协会为例，红花村互

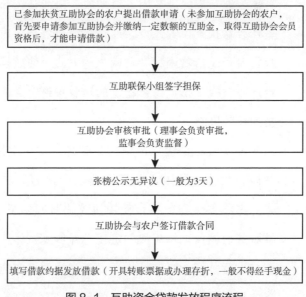

图8-1 互助资金贷款发放程序流程

助资金协会于 2017 年 9 月成立，资金规模达到 35 万元，其中财政注资 30 万元、农户缴纳互助金 5 万元；吸引 198 户村民入会，其中贫困户 165 户，组建联保互助小组 10 个。截至 2017 年 10 月 10 日，累计借款户 9 户次，其中贫困户 1 户；累计发放借款 18 万元，其中贫困户借款 2 万元。槐坪村互助资金协会有会员 200 户，其中贫困户 192 户；资金规模 31.45 万元，其中财政出资 30 万元、农户互助金 1.45 万元；累计借款户 12 户次，其中贫困户 8 户；累计发放借款 19 万元，其中贫困户借款 12 万元，贫困户借款占总借款的 63%。

三 资产收益股权试点

1. 资产收益股权试点的基本内涵

为进一步促进贫困人口增收，白河县在部分乡镇实行资产收益扶贫模式试点。通过将财政资金形成的资金和股权折股量化给贫困村和贫困户的方式，使建档立卡户享有资产收益权，拓宽持续稳定的增收渠道，形成资产收益扶贫的长效机制。

具体做法是建立由镇监督管理、实施主体经营使用、贫困村集体（贫困户）享有分红收益的资产收益扶贫模式。实施主体与镇签订使用协议之日起，至 2020 年贫困县脱贫摘帽前，每年按一定比例对实施主体所在贫困村贫困户进行分红；脱贫摘帽后，资金收益由实施主体所在村集体根据发展需要统筹资金管理和经营分红收益。在当地选择管理规范、运行良好、能够按章程保障贫困户收益的农民专业合作社、农村集体经济组织或龙头企业等经营主体作为资产收益扶贫工作的实施主体。

以"三变"改革为背景，白河县确定群力、新营、凉水、陈庄、田湾、焦赞、双河、蔓营、柳树、天宝、红花、三院、里龙这13个村为"三变"改革试点村，为13个村下拨共420万元村级互助资金，通过股份形式投放到各试点村的新型经营主体，带动400余户贫困户加入合作社，按照5%~10%的收益获取入股分红。

2. 资产收益股权试点的实施情况

在正在试点的茅坪镇田湾村，村里选择经济效益较好的白河县田湾生态茶园专业合作社，作为入股的市场主体，引导群众入股。村委会把30万元产业扶贫资金作为股金入股合作社，由合作社与村委会筛选的30户贫困户签订《入股分红协议》，每户股本1万元，协议期内，合作社每年按照股本的10%给贫困户分红，并且保证股本不减少，协议期满将股本返还给村委会。在村委会的示范带动下，目前，还有8户贫困户和5户非贫困户，准备把自己的务工收入入股合作社，参加分红。此次，为进一步促进群众增收，对于2017年农户对茶园的管护，经甲方和村委会验收合格后，由村委会按2000元/亩予以补助。

四 扶贫小额信贷

扶贫小额信贷是指为建档立卡户提供5万元以下、3

年以内、免担保、免抵押、基准利率放贷、财政贴息、县级建立风险补偿金的信用贷款，贷款对象为有贷款意愿、有创业潜质、有技能素质和一定还款能力的建档立卡贫困户。因此，在实践过程中，小额信贷主要以产业扶贫贴息贷款的模式运行。

在白河县仓上镇为保障小额信贷扶贫工作的顺利展开，政府成立以镇长为组长，分管领导为副组长，各攻坚队长、脱贫办副主任、白河农商行仓上支行主任为成员的领导小组。并明确分管领导为仓上镇扶贫小额信贷责任人，各村村主任为各村扶贫小额信贷责任人，农商支行客户经理分片包抓，作为金融投放责任人（见表8-1）。

表8-1 2017年仓上镇扶贫小额信贷责任人

村	村责任人	职务	金融机构责任人	职务
红花村	李国兴	村主任	刘磊	农商行客户经理
仓坪村	王敦安	村主任	王毅	农商行客户经理
裴家村	徐勋军	村主任	周羿	农商行客户经理
东庄村	王德宝	村主任	周羿	农商行客户经理
马庄村	陈浩	村主任	王毅	农商行客户经理
农庄村	张忠明	村主任	程俭华	农商行客户经理
天宝村	王敦记	村主任	程俭华	农商行客户经理
槐坪村	曾礼兵	村支部书记	程俭华	农商行客户经理
灯塔村	秦苗新	村主任	刘磊	农商行客户经理
石关村	储照奎	村主任	刘磊	农商行客户经理

资料来源：仓上镇政府。

按照农户申请四级审批程序和"5321"政策严格执行。贫困户搞没搞产业，搞了多大规模的产业，贷款金额和扩大生产是否匹配，村主任熟知户上情况，就把产业规模关；农户产业有没有市场前景，是否符合一村一业一产业的总体格局，是不是按照集体审批程序，攻坚队长最清楚，就把集中审批关；是不是贫困户，超没超额度标准，镇脱贫办把政策关；征信是否符合贷款条件由农商行把关。各部门各负其责审批扶贫小额信贷。为了方便群众贷款，村、镇、农商支行每月逢5、15、25号集中受理小额信贷业务贷款后同时由镇、村、金融部门责任人跟踪贷款用途，确保资金使用效益。2016年仓上镇共计脱贫515户1569人，50%以上的脱贫户因小额信贷发展产业脱贫。至今，仓上镇共发放贷款380户，共计1568万元。

为防范风险，白河县还成立了扶贫小额信贷风险金。对于因自然灾害等不可抗力因素导致到期确实不能归还的贷款制定了一系列补救措施，严控风险规模和损失，保护扶贫金融机构的利益。

五 扶贫开发投资有限公司

1. 扶贫开发有限公司的成立背景与职能

为了加大扶贫力度，更好地搭建金融扶贫投资平台支持扶贫攻坚工作，实现精准脱贫，按照《中共中央、国务院关于打赢脱贫攻坚战的决定》精神和省、市、县相关要求，2016年5月成立白河县扶贫开发投资有限公司。

白河县扶贫开发投资有限公司在资金来源、项目选择、资金流向监管等方面发挥了重要作用。

（1）做好与国家政策性银行和上级市公司的"联络

员"，协调对接业务，做好专项资金的申报工作。在成立一年多的时间内，该公司共申报融投资 7 亿元，其中国家开发银行 4 亿元，用于贫困村道路建设、安全饮水、河堤建设和校园安全工程；中国农业发展银行 2 亿元，用于贫困村组道路和桥梁建设、安全饮水和危房改造；2017 年白河县受强降雨影响，多地基础设施损毁严重，部分地区因强降雨引发山洪和山体崩塌，紧急向县农发行申请 1 亿元的应急救灾贷款。

（2）做好扶贫项目的"筛选员"，用好扶贫资金的关键是要把资金用在好的项目上。项目有缓有急而资金有限，把有限的扶贫资金用在最紧迫、最重要的项目上，是扶贫开发公司的重要工作。扶贫公司仅有的 5 名工作人员深入全县各村镇、移民安置点了解真实情况，结合各职能部门"十三五"发展规划以及扶贫项目规划，建立了贫困村基础设施建设项目库，利用项目库资料编报国家开发银行《建档立卡贫困村基础设施贷款项目可研报告》、配合安康市扶贫开发有限公司编报农发行《贫困村改善人居环境贷款项目可研报告》。

（3）做好资金流向的"监管员"，确保资金专款专用。公司联合县财政局、扶贫局制定下发了《白河县政策性金融扶贫贷款项目管理及资金使用办法》，从项目实施程序、资金拨付和责任追究等方面率先规范了扶贫项目的管理和资金使用程序。

2.扶贫开发投资有限公司的具体工作实施情况

（1）基础设施建设、生态治理与民生工程。白河县是典型的山城，山路崎岖，交通不便。为改善群众的出行状况，解决"山大石头多，出门就爬坡"的局面，公司拨发道路修建专项资金 3816 万元，用于正在修建的冷川路、闫家－双丰路、构扒－麻虎路、茅坪联合－冷水路。白河县北临汉水，有"小汉口"的美誉，但多年来白河人民饱受汉江水患之苦。为有效治理河道，遏制洪水灾害，一年多来，公司争取融投资修河堤 8 处，建安全饮水工程 9 处，项目建成后直接受益人口 4000 余人，不仅保证了汉江的河水水质，还提高了集镇居民的生活质量和改善了居住环境。2016 年至今，公司在国家开发银行申请贷款 4798 万元用于全县贫困村水源、取水泵站、输配水管网、水质净化设施、消毒设备建设。当前公司正在向中国农业发展银行申贷 2 亿元用于贫困村人居环境改善项目，资料已经申报，正在等待审批中。

（2）助力产业扶贫、支持产业园区建设。产业的建设和发展是脱贫工作的核心工程，是创造财富的源泉，是群众脱贫致富的发动机和助力器。公司通过积极支持产业园区基础设施建设带动产业发展：投资 315 万元修建和加宽道路 9.9 公里支持冷水三院村产业牡丹和核桃园发展，带动贫困户 150 户；投资 325 万元修建道路 6.5 公里支持卡子陈庄村茶业发展，带动贫困户 130 户。公司近期正在组织人保财险融资贷款工作，计划为全县 48 个产业大户和示范园申请产业发展贷款 1.2 亿元，带动贫困户 6500 户。金融扶贫资金参与到产业建设的三个逻辑：一是通过园区基础设施建设，改善和增强社会服务，架桥铺路等工程本身就需要大量劳动力，创造工作岗位，直接带动群众就业；二是帮扶企业发展从而形成对整个社会整体的经济带动作用，扩大税基；三是企业发展、企业规模扩大的示范作用，鼓励群众参与上游产业链，同时企业规模的扩大也会创造大量工作岗位，带动周围贫困户就业。

第二节　金融扶贫政策在灯塔村的具体实施

灯塔村的扶贫资金互助协会尚未建立，扶贫开发投资有限公司在灯塔村也没有项目，所以灯塔村的金融扶贫工作主要集中在资产收益股权试点和小额信贷上。又因为小额信贷的主要模式是产业扶贫贴息贷款，贷款对象是有发展意愿、能力的贫困户，所以小额信贷的规模比较大。

一　灯塔村资产收益股权试点

2016 年底，村里选择经济效益较好的白河县绿康农业综合开发有限责任公司，作为入股的市场主体，引导群众入股。村委会把 10 万元产业扶贫资金作为股金入股公司，公司与由村委会筛选的 10 户贫困户签订《入股分红协议》，每户股本 1 万元，协议期内，每户贫困户年底分 500~600 元股金，股金按照公司效益每年有变动，但不得低于 500 元，协议期满将股本返还给村委会。同时，这 10 位贫困户和其他贫困户均可在公司通过务工、土地流转等方式获得收入。2016 年，共有三个公司参与资产收益试点，直接受益贫困户 22 户，注入资金规模达到 22 万元（见表 8-2）。

表 8-2　2016 年灯塔村新型农业经营主体注入资金情况

单位：万元

单位名称	主体法人	注入金额
白河县启航农业发展有限公司	李正刚	2
白河县绿康农业综合开发有限责任公司	秦立新	5
白河县绿康农业综合开发有限责任公司	秦立新	5
白河县绿佳农业综合开发有限公司	秦仁贵	5
白河县绿佳农业综合开发有限公司	秦仁贵	5

资料来源：仓上镇政府。

二　灯塔村小额信贷的实施情况

白河县小额信贷的主要模式是通过产业扶贫贴息贷款的方式将资金借贷给贫困户使用，帮助贫困户用于自身发展、产业建设。2016 年白河县在灯塔村累计发放产业扶贫贴息贷款 149 万元（面向贫困户），覆盖贫困户 30 户（见表 8-3）。贫困户用贷款来的资金饲养牛、羊、猪、鸡等家畜和种植油葵、魔芋、玉米等粮食和经济作物，产业扶贫贴息贷款极大地解决了贫困户生产经营所需。

表 8-3　2016 年灯塔村贫困户产业扶贫贴息贷款情况

单位：万元，%

贷款人序号	项目用途及规模	贷款金额	贴息利率
1	小卖部经营	5	6.84
2	鸡 30 只、油葵 5 亩、猪 2 头、玉米 5 亩	5	6.84
3	牛 8 头、猪 1 头	5	6.84
4	养羊 18 只、猪 1 头	5	6.84
5	发展养牛、养羊，目前种植 4 亩魔芋	4	6.84
6	家电维修	5	6.84
7	种植／养殖	5	6.84
8	种植／养殖	5	6.84
9	养殖能繁母猪 2 头	5	6.84
10	核桃 5 亩、猪 1 头	5	6.84
11	魔芋 2 亩、养猪 2 头	5	6.84
12	牛 4 头、羊 6 只	5	6.84
13	猪 2 头、牛 10 头	5	6.84
14	养殖发展	5	6.84
15	猪 2 头、鸡 20 只、魔芋 3 亩	5	6.84
16	猪 2 头、鸡 30 只	5	6.84
17	核桃 8 亩	5	6.84
18	鸡 10 只、猪 1 头、核桃 8 亩	5	6.84
19	核桃 10 亩、猪 3 头、蚕 5 张	5	6.84
20	养猪 5 头	5	6.84
21	猪 3 头、鸡 30 只	5	6.84
22	猪 2 头、鸡 20 只、农作物 3 亩	5	6.84
23	家庭经营	5	6.84
24	魔芋 5 亩、养猪 2 头	5	6.84
25	猪 2 头、核桃 6 亩	5	6.84
26	魔芋 5 亩、黄姜 3 亩	5	6.84
27	猪 8 头、鸡 20 只、牛 1 头	5	6.84
28	羊 20 只、猪 2 头	5	6.84
29	林下养殖	5	6.84
30	家庭经营	5	6.84

资料来源：灯塔村委会。

上述 30 户贫困户使用金融扶贫资金按资金投向产业分类可分为种植业、养殖业和经营性行业，30 户贫困户中共有 15 户将资金投入种植、养殖业中，有 10 户仅投入养殖业中，有 1 户仅投入植业中，还有 4 户将资金用到家庭经营中，有做家电维修的，也有开小卖部的。

2016 年一年灯塔村小额信贷资金规模就达到了 30 户 149 万元，且这些资金全部是以贫困户个人或家庭为使用主体，既满足了农村农业生产经营活动所需资金，同时保证了资金在使用过程中不会出现资金向某个人或某一方集中的现象。

同时使用扶贫资金的收益也是明显的，虽然在调研的过程中农民不愿意透露自己的收入，但是我们可以根据市场价格做出基本的判断。以生猪价格为例，2016 年、2017 年两年猪肉价格一直走高，平均生猪价格在每公斤 15 元左右，一头猪养半年出栏，按 100 公斤算，养一头猪的毛收入大约是 1500 元。所以，使用扶贫资金帮助贫困户增收的效果是比较明显的。

第三节　金融扶贫存在的问题

实施精准扶贫和精准脱贫以来，白河县整合财政资金、政策性金融机构贷款等各方资金，依托地方现有资源，创新金融扶贫新模式，满足群众尤其是尚未脱贫群众的生产、生活金融需求，带动当地产业发展和经济建设。金融是一个地区经济中最活跃的因素，以金融引领扶贫脱贫工作，白河县的扶贫工作也开创了新的局面，但是在金融扶贫工作中仍面临着诸多问题。

一 财政资金投资巨大，政府财政负担增大

金融扶贫的资金来源主要还是靠中央、省、市、县四级财政拨付，扶贫投资开发有限公司向国家开发银行和农业开发银行申请的贷款利息和扶贫小额信贷和产业扶贫信贷的利息也都是由财政贴息。以白河县仓上镇为例，2016年共向各类市场主体注入资金 91 万元，从 2016 年 8 月至 2017 年 6 月仓上镇共 280 户农户向金融机构贷款 1304 万元，累计贷款余额 1289 万元。2017 年第二季度，仓上镇补贴利息金额就达到 14.8 万元。金融扶贫要保持其可持续性仍需要大量财政投入。

二 资金使用以产业建设为主，市场建设缓慢

无论是向农户直接贷款、补贴还是市场经营主体通过"扶贫资金股权收益""扶贫资金互助协会"等方式获得的资金大量都投入农畜产品的生产经营中，向制造业和服务业分流的资金相对较少。由于白河县地理位置

特殊、交通不便，短期来看，新增农产品产量能够在本地市场消化，但长期来看，在一个相对狭小的市场中农产品会相对过剩，剩余农产品销售问题的解决仍任重而道远。

三 金融扶贫资金来源结构单一，县域金融市场有待进一步开拓

以农村地区贫困户或非贫困户入股的互助资金合作社股金规模不大，资金提供者以政府、政策性金融机构为主。除社会捐款外，社会资金进入金融扶贫领域的通道还处于封闭状态。

第四节 对策与建议

金融扶贫工作是全面扶贫、脱贫攻坚工作的重要组成部分，是到 2020 年实现农村地区贫困人口全部脱贫的重要举措，是全面建成小康社会，实现农村经济社会可持续发展的重要环节。金融扶贫工作的全面展开在白河县时间尚短，扶贫效果仍需进一步观察，但金融扶贫工作需要持之以恒，毫不懈怠。为此，对于当前金融扶贫工作中存在的问题有如下建议。

一　继续严格资金监管，提高资金利用效率

扶贫资金投入巨大，必须要利用好每一分钱，做到"真扶贫，扶真贫"。金融扶贫就是将贫困地区的扶贫模式由"输血"改为"造血"，要保证贫困户获得再生产的能力，严防资金向贫困地区的非贫困户或某些个人集聚，使每一位困难群众对"扶贫资金"都有可获得性。扶贫资金的使用效率不单是用资金的收益率来衡量的，应该是用贫困户的使用率、贫困户的生产技术进步率、贫困户的生产效率、贫困户脱贫率等指标来共同衡量。

二　资金由扶"生产"向"产业＋市场"的模式转变

目前，扶贫资金主要还是通过各种形式促进贫困户增收和贫困地区企业的产业建设以及配套基础设施建设。扶贫资金还要向为贫困户、企业找市场的方向上倾斜；只有市场打通了，才会为白河经济发展注入真真正正的强心剂，才能为贫困户创收脱贫创造源泉。要打通白河县与外界的连接线，既包括实体的交通、物流等基础设施，也包括网上虚拟连接线。搭建产品的网络销售平台或是借助现有网络平台的力量，这需要大量的资金扶持。

三　开拓扶贫资金来源，创新扶贫资金融资新模式

建议在我国贫困地区放开政府融资权力，对于我国的

贫困区，在扶贫攻坚的关键阶段，可以通过尝试发行"扶贫债"或是建立"社会扶贫基金"等形式，鼓励当地社会资本进入扶贫领域。在风险防范、利益共享等方面进行新的制度设计，在当地形成一个资金蓄水池，在 2020 年全面脱贫之后，仍能满足当地企业的资金需求。

第九章

社保政策兜底扶贫

第一节　社会保障政策兜底情况

一　基本情况

实施社保兜底扶贫脱贫一批，白河县对无法通过产业扶持和就业帮助实现脱贫的家庭，采取政策性保障兜底实现脱贫。

建档立卡贫困户中丧失劳动力，没有自我发展能力，到 2020 年无法通过生产扶持、就业发展、搬迁安置和其他措施脱贫的困难家庭，按条件和程序审核审批后纳入农村低保，对于农村低保户根据不同情况划分不同的标准。

农村特困人员救助供养（农村五保供养）。无劳动能力、无生活来源、无法定赡养、抚养、扶养义务人或者其法定义务人无履行义务能力的老年人、残疾人和未满16周岁的未成年人，依法纳入特困人员救助供养（农村五保供养）范围。白河县对五保户进行集中供养，民政补贴标准为每人每年5800元，此外冬季还有取暖补贴以及电费补贴；尊重群众意见，对于不愿意集中供养的，在村里自己生活的五保户，补贴标准为每人每年5300元。

二 灯塔村具体实施情况

截至2016年底，灯塔村低保户、五保户全部享受国家规定的低保、五保政策。农村低保、五保人员实现动态调整；对因意外事故、重大疾病等致残、无劳动能力返贫的人员及时纳入社保兜底的范围中来。对于农村低保户国家标准按人补贴分为120元/月、150元/月、190元/月，村里根据低保户的实际情况和财政状况上浮补贴额度十几到几十元不等。低保户同时还享受产业、教育等其他扶持政策，多重保障助力贫困户脱贫。农村五保户根据个人意愿和生活能否自理实际情况分为集中供养和分散供养，既尊重了群众的意愿又达到了帮助群众的目的。对于分散供养居住在村里的五保户，镇卫生院的医护人员还会定期到户访问关注他们的身体状况，农村五保户得到了妥善安置。

除此之外，对于生活困难的残疾人低保户、五保户还享受生活补贴、护理补贴。按每月60元的标准予以生活补贴，2016年灯塔村共29人享受残疾人生活补贴20880元（见表9-1）。按每月120元或80元的标准予以护理补贴，2016年灯塔村共17人享受残疾人护理补贴20640元（见表9-2）。

困难残疾人生活补贴和护理补贴是一项专门针对残疾人的救济政策，与低保政策、五保政策并行实施互不冲突，生活补贴和护理补贴根据残疾群众现实生活状况按不同的标准发放，像低保户秦维秀、谭永周等因身体残疾在享受低保政策的同时还能够拿到生活补贴、护理补贴，这三项补贴一年共5688元，实现了社保政策兜底脱贫一批的目标。

表9-1 2016年灯塔村困难残疾人生活补贴情况

单位：元/人

享受对象序号	困难补贴类型	月度补贴标准	年度补贴金额	户籍地址
1	生活补贴	60	720	仓上镇灯塔村六组
2	生活补贴	60	720	仓上镇灯塔村七组
3	生活补贴	60	720	仓上镇灯塔村三组
4	生活补贴	60	720	仓上镇灯塔村四组
5	生活补贴	60	720	仓上镇灯塔村一组
6	生活补贴	60	720	仓上镇灯塔村七组
7	生活补贴	60	720	仓上镇灯塔村十组
8	生活补贴	60	720	仓上镇灯塔村四组
9	生活补贴	60	720	仓上镇灯塔村一组
10	生活补贴	60	720	仓上镇灯塔村五组
11	生活补贴	60	720	仓上镇灯塔村四组
12	生活补贴	60	720	仓上镇灯塔村四组
13	生活补贴	60	720	仓上镇灯塔村三组
14	生活补贴	60	720	仓上镇灯塔村七组
15	生活补贴	60	720	仓上镇灯塔村三组

享受对象序号	困难补贴类型	月度补贴标准	年度补贴金额	户籍地址
16	生活补贴	60	720	仓上镇灯塔村五组
17	生活补贴	60	720	仓上镇灯塔村十组
18	生活补贴	60	720	仓上镇灯塔村八组
19	生活补贴	60	720	仓上镇灯塔村五组
20	生活补贴	60	720	仓上镇灯塔村十组
21	生活补贴	60	720	仓上镇灯塔村三组
22	生活补贴	60	720	仓上镇灯塔村八组
23	生活补贴	60	720	仓上镇灯塔村十组
24	生活补贴	60	720	仓上镇灯塔村十组
25	生活补贴	60	720	仓上镇灯塔村二组
26	生活补贴	60	720	仓上镇灯塔村六组
27	生活补贴	60	720	仓上镇灯塔村四组
28	生活补贴	60	720	仓上镇灯塔村十组
29	生活补贴	60	720	仓上镇灯塔村十组

资料来源：灯塔村委会。

表9-2 2016年灯塔村困难残疾人护理补贴情况

单位：元/人

享受对象序号	困难补贴类型	月度补贴标准	年度补贴金额	户籍地址
1	护理补贴	120	1440	仓上镇灯塔村六组
2	护理补贴	120	1440	仓上镇灯塔村七组
3	护理补贴	120	1440	仓上镇灯塔村七组
4	护理补贴	120	1440	仓上镇灯塔村三组
5	护理补贴	120	1440	仓上镇灯塔村四组
6	护理补贴	120	1440	仓上镇灯塔村一组
7	护理补贴	120	1440	仓上镇灯塔村一组
8	护理补贴	120	1440	仓上镇灯塔村一组
9	护理补贴	120	1440	仓上镇灯塔村一组
10	护理补贴	80	960	仓上镇灯塔村六组
11	护理补贴	80	960	仓上镇灯塔村六组
12	护理补贴	80	960	仓上镇灯塔村七组
13	护理补贴	80	960	仓上镇灯塔村七组
14	护理补贴	80	960	仓上镇灯塔村三组
15	护理补贴	80	960	仓上镇灯塔村十组
16	护理补贴	80	960	仓上镇灯塔村四组
17	护理补贴	80	960	仓上镇灯塔村一组

资料来源：灯塔村委会。

第二节　社会救助扶持情况

一　医疗救助

将符合条件的建档立卡贫困户纳入医疗救助和重特大疾病医疗救助范围。资助参加新型农村合作医疗。对建档立卡贫困户中特困供养人员参加新农合个人缴费给予全额资助，对低保对象参加新农合个人缴费按其家庭困难程度分类别、分标准给予定额资助。患有慢性病需要长期服药或者还有重特大疾病需要长期门诊治疗的建档立卡贫困户、特困供养人员还享受门诊医疗救助。

低保对象医疗救助政策范围内个人自付医疗费用在年度限额以内按不低于50%的比例给予救助，日常门诊每人每年不超过1000元，重特大疾病门诊每人每年不超过5000元。关于住院医疗救助的标准，救助对象医疗费用，经基本医疗保险、大病保险支付后，医疗救助政策范围内个人自付费用，建档立卡特困供养人员给予100%救助，建档立卡低保对象救助比例不低于70%；其他建档立卡贫困户根据家庭收入和财产状况，分别按低收入救助对象（50%）和因病致贫救助对象（30%）的比例救助。建档立卡低保对象基本医疗住院救助年度累计封顶线不低于1.5万元，重特大疾病住院救助年度累计封顶线不低于3万元。

医疗救助是除新型农村合作医疗外对患病群众的一项救助政策，2016 年第一、第四季度灯塔村共有 8 人享受了医疗救助（见表 9-3）。例如灯塔村九组村民程良善因食管恶性肿瘤在十堰人民医院做的手术，手术费 56054.23 元，农村合作医疗报销 26728.89 元，个人支付 29325.34 元，二次报销后少拿 4809.64 元，在享受医疗救助后，又可以少拿 4355 元；灯塔村三组村民周家顶因患冠心病在十堰人民医院做的手术，手术费 108717.33元，农村合作医疗报销 39492.24 元，个人支付 69225.09元，二次报销后少拿 12625.89 元，在享受医疗救助后，又可以少拿 13000 元。医疗救助是在新型农村合作医疗的基础上进一步缓解群众因病造成生活困难的压力，对贫困户起到积极的帮扶作用。

表 9-3 2016 年灯塔村部分季度医疗救助对象名单

单位：元

季度	享受对象序号	性别	详细地址	救助金额
2016 年第一季度	1	男	灯塔村七组	9700
	2	女	灯塔村三组	8000
	3	男	灯塔村一组	3600
2016 年第四季度	4	男	灯塔村九组	4355
	5	男	灯塔村三组	5465
	6	男	灯塔村七组	7918
	7	男	灯塔村三组	13000
	8	男	灯塔村七组	2918

资料来源：灯塔村委会。

二 临时救助

因火灾、交通事故等意外事件，家庭成员突发重大疾病导致基本生活暂时出现困难的建档立卡贫困户；因基本生活必需品价格上涨、家庭成员身患疾病维持基本医疗、接受非义务阶段教育等导致生活必需支出费用超出家庭承受能力的建档立卡贫困户，给予应急性、过渡性基本生活救助。因自然灾害导致房屋、土地等遭受破坏的建档立卡贫困户还会享受自然灾害救助政策。保障建档立卡贫困户有饭吃、有衣穿、有住处、有水喝、有病能得到及时医治。2017 年 10 月民政部门对灯塔村患有疾病或生活困难的 18 户群众临时救助金额共计 1.9 万元。

第三节　政策评价

社保扶贫关键应该突出"保基本、补短板、兜底线、促公平"原则，强化扶贫对象的精准保障，确保帮到点上、扶到根上。社保政策兜底脱贫一批，帮扶的对象是在现实情况下无法通过其他方式帮扶脱贫的一批，也是脱贫攻坚工作中最后一道防线。社保兜底的对象具有特殊性，这个特殊性也决定了无法通过其他方式帮助其脱贫，必须要采用社保兜底的方式。这个特殊性也意味着我们在实施社保兜底的过程中必须保证每一个都不被落下，否则，这部分人群是无法通过自己的能力脱贫的。所以说，在社保政策兜底执行的过程中要保证公平、公正、合理。

白河县通过社会保障政策兜底和社会救助政策相结合的方式实现了贫困人口的全部覆盖，长期机制与短期政策的有效衔接真正实现了保障每一个贫困户不掉队的目标。据统计，白河县灯塔村所有无劳动能力，无生活来源，无法定赡养、抚养、扶养义务人或者其法定义务人无履行义务能力的老年人，丧失或部分丧失劳动力的残疾人和因劳动力去世丧失发展能力的家庭等全部纳入了低保、五保范围；同时，对于自然灾害、重大疾病等重大事故造成临时性损失的群众用社会救助政策解决群众临时性的生活困难，不使这些群众因意外事故出现生活困难。

参考文献

奥亚锋：《秦巴山区扶贫开发生态产业战略选择》，《农村经济与科技》2016 年第 23 期。

陈绪敖、何家理：《秦巴山区、武陵山区集中连片扶贫调查及可持续发展模式比较研究》，《中国农学通报》2015 年第 8 期。

陈绪敖：《秦巴山区生态环境保护与产业精准扶贫互动发展研究》，《甘肃社会科学》2016 年第 6 期。

崔红志等：《农村老年人口生活质量研究——基于对江苏省姜堰市坡岭村的调查》，中国社会科学出版社，2016。

邓淑红、李泓波：《秦巴山区连片特困地区农业产业扶贫研究——以陕西省山阳县中蜂产业为例》，《陕西农业科学》2016 年第 9 期。

丁绪辉、高新雨：《秦巴山区扶贫开发与生态农业发展战略研究——以陇南市武都区为例》，《人力资源管理》2014 年第 12 期。

国家发展改革委：《〈"十三五"脱贫攻坚规划〉辅导读本》，人民出版社，2017。

何得桂：《治理贫困——异地搬迁与精准扶贫》，知识产权出版社，2017。

何家理、陈绪敖:《秦巴山区退耕还林与连片扶贫攻坚互动途径及机理研究》,《水土保持通报》2016 年第 6 期。

何家理:《秦巴山区退耕还林与连片扶贫攻坚关联性互动机制探讨》,《唐都学刊》2014 年第 6 期。

何星、覃建雄:《ST–EP 模式视域下的旅游精准扶贫驱动机制——以秦巴山区为研究对象》,《农村经济》2017 年第 10 期。

黄承伟:《打赢脱贫攻坚战的行动指南——学习领会习近平扶贫开发战略思想》,《红旗文稿》2017 年第 16 期。

贾学斌:《陕南秦巴山区县域经济发展战略探析》,《新西部》(理论版)2014 年第 12 期。

柯亮:《秦巴山区域新型城镇化建设路径探讨——以陕西安康市为例》,《价值工程》2015 年第 20 期。

雷和平:《金融扶贫的"中梗阻"究竟在哪里》,《金融时报》2014 年 7 月 17 日,第 10 版。

李博:《村庄合并、精准扶贫及其目标靶向的精准度研究——以秦巴山区为例》,《华中农业大学学报》(社会科学版)2017 年第 5 期。

梁华:《农村脱贫攻坚的实践困境与路径选择——基于秦巴山区某县 B 村 29 户贫困户的入户调查》,《农业经济》2017 年第 12 期。

陆汉文、黄承伟主编《中国精准扶贫发展报告(2017)》,社会科学文献出版社,2017。

马露露:《连片特困地区贫困代际传递的社会学研究》,硕士学位论文,华中师范大学社会学系,2014。

〔美〕约翰·肯尼斯·加尔布雷斯:《贫穷的本质》,倪云松译，东方出版社，2014。

潘劲:《红林村——一个京郊山村的经济社会变迁》,中国社会科学出版社,2016。

乔波:《建立"陕川渝鄂扶贫开发示范区"的构想》,《安康日报》2015年12月11日,第2版。

覃建雄:《我国限制与禁止开发区旅游扶贫创新发展研究——以秦巴山区为例》,《西南民族大学学报》(人文社科版)2015年第6期。

王灵桂、侯波:《精准扶贫:理论、路径与和田思考》,中国社会科学出版社,2018。

王应权、王亚娟、赵志勇:《秦巴山区连片扶贫开发的金融服务研究》,《甘肃金融》2014年第1期。

习近平:《摆脱贫困》,福建人民出版社,2014。

徐孝勇、封莎:《中国14个集中连片特困地区自我发展能力测算及时空演变分析》,《经济地理》2017年第11期。

杨晓:《产业集群模式下县域循环经济发展路径及战略研究——以陕南秦巴山区为例》,《环境保护与循环经济》2017年第11期。

张凡、胡永红、段德罡:《秦巴文化旅游产业发展战略研究》,《中国工程科学》2016年第5期。

张瑞娟:《易地搬迁脱贫的实践经验与对策选择——以陕西省白河县仓上镇灯塔村为例》,《中国发展观察》2018年第Z1期。

赵晓娥、张钧巨:《推进陕南秦巴山区"省直管县"改革面临的问题及对策研究》,《理论导刊》2015年第11期。

郑长德主编《精准扶贫与精准脱贫》,经济科学出版社,

2017。

中共中央宣创部编《习近平总书记系列重要讲话读本（2016年版）》，学习出版社、人民出版社，2016。

周亮、徐建刚、林蔚、杨林川、孙东琪、叶尔肯·吾扎提：《秦巴山连片特困区地形起伏与人口及经济关系》，《山地学报》2015年第6期。

Robert W.Marans、徐滢:《秦巴山区人居生活质量研究：关注城市发展建设对相关人群的影响》,《中国工程科学》2016年第5期。

后　记

　　本书是中国社会科学院"精准扶贫精准脱贫百村调研"特大项目的子课题之一，选择白河县灯塔村源于2013年笔者在清华大学中国农村研究院做博士后期间的暑期调研，当时由师兄陈春良和师姐刘红岩带队去安康调研"陕南避灾移民搬迁工程"。

　　2016~2017年，笔者三次带队赴白河县灯塔村调研，第一次调研是2016年底，初次确定调研地点并了解灯塔村的基本情况；第二次调研是2017年4月，笔者带领任晓娜博士、张艳艳博士、张宗凯、朱开远等人花费8天时间深入了解灯塔村扶贫脱贫情况，并进行村问卷、农户问卷调查；第三次是2017年10月，笔者与任晓娜博士、周昭炜、张宗凯再赴灯塔了解灯塔最新扶贫情况，搜集、整理相关资料。

　　本次调研的顺利进展，笔者要特别感谢白河县扶贫开发有限公司总经理周远国，从最初的选村到三番五次的县镇村户调研、再到数据资料搜集补充等，其均提供了极大的帮助与支持，甚至把家中珍藏的《白河县志》《石坎颂——白河县农田建设纪实》等孤本书籍都让笔者带回北京使用，这些无私的帮助对调研报告的成型和出版起到了关键性的作用。

同时，在调研过程中，课题组得到了白河县县长李全成、副县长黄治俊、脱贫搬迁办主任陈兴波、县政府办公室副主任吴鑫等领导的大力支持与帮忙。尤其是副县长黄治俊，其在办公室给我讲述白河县脱贫攻坚工作的场景依然历历在目，黄副县长是灯塔村的包村干部，作为副县长，其抽出宝贵时间为笔者讲述灯塔村脱贫攻坚工作的做法与进展，从全县角度出发的宏观把控与微观讲述给笔者留下了深刻的印象。笔者对陈兴波主任和吴鑫副主任的百次电话和微信打扰，还有两位主任对调研团队的耐心接待，现在想起来都是这次调研最宝贵的经历和财富，不只收获了成果还收获了友谊。

感谢时任仓上镇党委书记李锦旻、镇长王永重对调研团队提供的大力支持与帮忙，在两位领导的全力协调与配合下，陈武志副镇长和李玖国主任亲自带队配合调研。尤其是镇上负责脱贫攻坚工作的李主任，好多个晚上他都把时间奉献给了我们团队，不停地接到我们的电话骚扰，但每次都是不厌其烦耐心地介绍各项工作，回答各种疑问。这就是白河县的干部，这就是白河县"三苦精神"的最真实写照。

最后要郑重感谢的是灯塔村的村支部书记秦仁义、主任秦苗新、第一书记杨先庭等干部，他们耐心地协助村调研、户调研，为团队工作的顺利进展付出了辛勤与汗水。还要感谢灯塔村每一位善良、朴实、淳厚、真诚的村民，他们是一群"喜怒哀乐言于表"又"丰年留客足鸡豚"的山里人。

张瑞娟

2018 年 7 月

图书在版编目(CIP)数据

精准扶贫精准脱贫百村调研. 灯塔村卷：新时代的
"三苦精神" / 张瑞娟，任晓娜著. -- 北京：社会科
学文献出版社，2018.12
　ISBN 978-7-5201-3595-5

　Ⅰ.①精…　Ⅱ.①张…②任…　Ⅲ.①农村－扶贫－
调查报告－白河县　Ⅳ.①F323.8

中国版本图书馆CIP数据核字（2018）第227145号

·精准扶贫精准脱贫百村调研丛书·

精准扶贫精准脱贫百村调研·灯塔村卷
——新时代的"三苦精神"

著　　者 / 张瑞娟　任晓娜

出 版 人 / 谢寿光
项目统筹 / 邓泳红　陈　颖
责任编辑 / 郑庆寰　柯　宓

出　　版 / 社会科学文献出版社·皮书出版分社（010）59367127
　　　　　　地址：北京市北三环中路甲29号院华龙大厦　邮编：100029
　　　　　　网址：www.ssap.com.cn
发　　行 / 市场营销中心（010）59367081　59367083
印　　装 / 三河市东方印刷有限公司

规　　格 / 开　本：787mm×1092mm 1/16
　　　　　　印　张：15　字　数：145千字
版　　次 / 2018年12月第1版　2018年12月第1次印刷
书　　号 / ISBN 978-7-5201-3595-5
定　　价 / 59.00元

本书如有印装质量问题，请与读者服务中心（010-59367028）联系